Erna Herr und Peter Menzel

Trockenblumen

Sammeln, Präparieren, Gestalten

Vierte Auflage
24 Farbfotos, 74 Schwarzweißfotos
und verschiedene Zeichnungen

E.U.
VERLAG
EUGEN
ULMER

CIP-Kurztitelaufnahme der Deutschen Bibliothek

Herr, Erna:
Trockenblumen: Sammeln, Präparieren, Gestalten / Erna Herr u. Peter Menzel. –
4. Aufl. – Stuttgart : Ulmer, 1986. –
ISBN 3-8001-6192-3

NE: Menzel, Peter:

Wollgrasweg 41, 7000 Stuttgart 70 (Hohenheim)
Printed in Germany
Einbandgestaltung: A. Krugmann, Stuttgart
mit einem Foto von Dr. Kurt Hirschburger, Stuttgart
Satz: Setzerei Karl Lihs, Ludwigsburg
Druck und Bindung: Passavia GmbH, Passau

Vorwort

Der Umgang mit Trockenblumen und anderen Trockenmaterialien hat sich zu einem weiten Betätigungsfeld entwickelt. Es bietet in mancher Hinsicht anregende und fesselnde Möglichkeiten zum Experimentieren, Basteln und Gestalten – ein Hobby, das Freude macht und immer mehr Freunde gewinnt.

Die vierte Auflage enthält alle erforderlichen Informationen, Anleitungen und Hilfen für das Sammeln, Präparieren und Verwenden heimischer und leicht kultivierbarer Pflanzen. Daneben wurde auch frisches Importmaterial (z. B. aus der Proteen-Familie) nicht vergessen. Die beschriebene Vielfalt der Möglichkeiten zur Verwendung von Trockenblumen schließt auch Hinweise und Anregungen ein, die über das übliche Arbeiten mit solchem Material hinausgehen.

Zu Mohnkapseln ist nach dem Gesetzesstand vom April 1986 anzumerken: Das Betäubungsmittelgesetz erfaßt auch den Schlafmohn *(Papaver somniferum)* als Droge, deren Anbau, Handel und Besitz genehmigungspflichtig ist. Wer Schlafmohn anbaut bzw. im Garten zieht, muß dazu eine Genehmigung des Bundesgesundheitsamtes Berlin (BGA) besitzen. Er darf die Mohnkapseln erst in den »freien Verkehr bringen«, d. h. für die Blumenbinderei verwenden, verschenken oder verkaufen, wenn sie nach einem vom BGA vorgeschriebenen Verfahren entmorphinisiert sind. Empfohlen wird, behandelte Mohnkapseln zu kaufen oder auf Kapseln anderer Mohnarten auszuweichen.

Ein weiterer wichtiger Hinweis: Der Feuerbrand, eine gefährliche Krankheit, verursacht durch das Bakterium *Erwinia amylovora,* befällt auch die hier genannten Gattungen *Cotoneaster, Crataegus, Malus, Pyracantha* und *Sorbus.* Anzeichen sind absterbende Triebspitzen, oft hakenförmig nach unten gekrümmt. Auch schon bei Verdacht auf Feuerbrand muß die zuständige Pflanzenschutzbehörde umgehend benachrichtigt werden. Nur durch strenge Einhaltung der Meldevorschrift können wir alle dazu beitragen, daß sich diese gefährliche Pflanzenkrankheit nicht weiter ausbreitet.

Erna Herr, Baden-Baden
Peter Menzel, Sinzig-Bad Bodendorf

Inhaltsverzeichnis

Doldenblütler
Schafgarbe
Achillea millefolium

Eichenblatt

Fruchtstand
Centauréa scabiosa

Lärchenzapfen

Bucheckernzweig

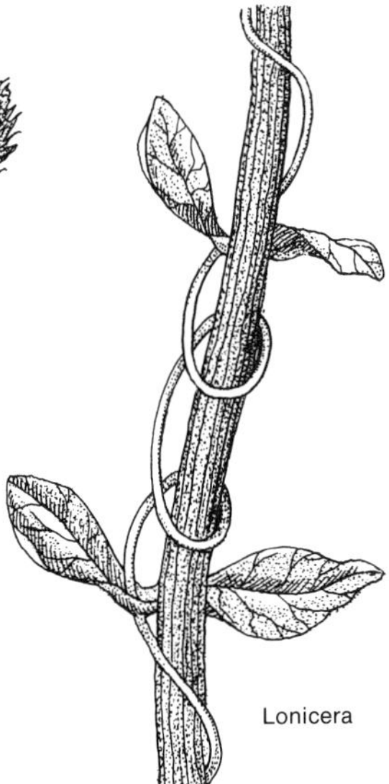

Lonicera

Herzlgras
Briza

Das Pflanzenmaterial

Trockenblumen gehören heute zum Standardsortiment der Blumenfachgeschäfte und Gärtnereien, der Bastel- und Hobbyläden. Nun ist das Kaufen zwar die einfachste, in manchen Fällen auch die einzige Art, zu bestimmten Trockenblumen zu gelangen, wobei das Sortiment sich ständig erweitert.

Diese Importe eröffnen neben dem reichen Angebot an frischen geeigneten Schnittblumen im Sommer ein weites Feld, wenn das eigene Sammeln und Kultivieren nicht klappen sollte. Dazu gehörte freilich ein großes Mißgeschick – so einfach ist es! –, und schade wäre es auch noch. Denn Trockenblumen, Trockenmaterial selbst zu kultivieren, selbst zu sammeln und zu bearbeiten, das ist so reizvoll, so mit Hoffen und Erwarten, mit Staunen und Begeisterung verbunden, daß es eigentlich jeder versuchen sollte.

Sammeln, draußen im Freien

Wer die Natur liebt und seiner Phantasie freien Lauf läßt, dem wird sich der Formenreichtum unserer heimischen Flora mehr und mehr erschließen. Jeder Spaziergang, auch in der Stadt bietet Gelegenheit zum Pflanzensammeln, und sei es am Rande einer Baustelle. Daß man in Parkanlagen nichts pflückt, versteht sich von selbst. Sicherlich bekommt man dort aber den einen oder anderen Zweig geschenkt, wenn die Gehölze von den Gärtnern ausgelichtet werden. Die herrlichen Herbstblätter kann jeder aufsammeln und davon mitnehmen, soviel er tragen kann.

Auch für das Sammeln gibt es einige »Spielregeln«. Daß ungemähte Wiesen und Getreidefelder, fremde Grundstücke und Baustellen nicht betreten werden, ist sicher jedem selbstverständlich. Das gleiche gilt sicher auch für die Vorsicht beim Sammeln, damit man sich nicht an scharfen Kanten von Grasblättern oder an Dornen und Stacheln verletzt. Man sollte Pflanzenteile nicht in den Mund nehmen und darauf herumkauen oder Saft von Pflanzenteilen (z. B. *Digitalis,* Fingerhut) gar auf die Haut oder in die Augen reiben. Der Saft mancher Doldenblütler wie vom *Heracleum* (Bärenklau oder Herkuleskraut) enthält einen Stoff, der bei manchen Menschen die Haut überempfindlich für UV-Licht macht, so daß die saftbenetzten Hautstellen einen äußerst starken Sonnenbrandschaden wie im Hochgebirge bekommen können. Auch sollte man Samenkörner und Früchte oder Beeren, die man nicht genau kennt, besser nicht essen, denn es geht ja um Trockenblumen und nicht um Experimente. Weniger bekannt ist, daß in Naturschutz- und in Landschaftsschutzgebieten dem Sammeltrieb

Eine nicht endende Vielfalt pflanzlicher Formen.

Zügel angelegt werden müssen. Unbedingt beachten wird man das Naturschutzgesetz mit entsprechenden Gesetzen in unseren Nachbarländern. Diese Gesetze und Verordnungen dienen der Erhaltung seltener und gefährdeter Pflanzen und Tiere. Auf europäischer Ebene hat man jetzt in »Roten Listen« alle seltenen und gefährdeten Arten zusammengefaßt (weltweit geschieht dies im Rahmen des Washingtoner Artenschutz-Abkommens, dem schon über 70 Staaten der Erde beigetreten sind). Diese »Liste der seltenen, gefährdeten und endemischen Pflanzen in Europa« wurde 1978 bei uns vom Bundesministerium für Ernährung, Landwirtschaft und Forsten veröffentlicht; sie gilt für die Bundesrepublik, ihre Bundesländer sowie für unsere Nachbarländer.
Wer also in den Ferien im Ausland Trokkenmaterial sammelt, sollte sich vorher erkundigen, um Überraschungen zu vermeiden. So ist z. B. der bei uns weit verbreitete Rohrkolben *(Typha)* in den italienischen Provinzen Bozen und Trient durch ein strenges Pflück- und Sammelverbot geschützt.
Trotz des Verzichtes auf seltene und geschützte Pflanzen lassen sich von einem Samstags- oder Sonntagsausflug viele interessante Pflanzenteile mitbringen, die am Feldrain oder am Waldrand zu finden sind: Blätter, Blüten und vieles mehr, was später in diesem Buch im einzelnen als Anregung zum eigenen Weiterforschen und Sammeln beschrieben wird.

Trockenblumen aus dem eigenen Garten

Die meisten unserer Gartenpflanzen stammen aus wärmeren Klimagebieten und müssen bei uns, wie der Gärtner sagt, kultiviert werden. Ihre Pflanzung und Pflege erfolgt im Garten. Dazu bedarf es nicht des großen Hausgartens – auch ein Balkon, ein Vorgarten, eine Terrasse oder ein Innenhof ist dafür geeignet. Warum also nicht Trockenblumen pflanzen, wenn man ohnehin Hobbygärtner ist! Der Spaß am neuen Trockenblumenhobby wird ja um so größer, wenn wir nach eigenem Wunsch und Plan jetzt das heranziehen, was wir nun gerade und besonders gern haben möchten. Langsam wird auch das Samensortiment in den Fachgeschäften wieder vielfältiger. Auch haben manche Pflanzenliebhabergesellschaften, z. B. die Gesellschaft der Staudenfreunde, eine große Samentauschliste mit oft weit über 1000 seltenen Sämereien. Ein wahres Wunderland zum Experimentieren und Freude-Erleben tut sich da auf!
Unsere Trockenblumenlieferanten benötigen je nach dem Klima in ihrer Heimat wenig oder mehr Fürsorge, bis sie bei uns wachsen, blühen und reifen. Man kann sie mehreren Gruppen mit verschieden intensiver Vorkultur zuordnen. Dies ist aber kein starres Schema, sondern nur eine Hilfe. Manche Art, die man in guten, also warmen Sommern mit Aussaat an Ort und Stelle richtig behandelt, wächst in kühleren Sommern nur mit Vorkultur (oder auch nicht).

Einjahrsblumen, direkt auszusäen

Bei den Einjahrsblumen gibt es anspruchslose und anspruchsvolle. Die anspruchslosen werden je nachdem, wie mild oder streng der Winter war, von Ende März bis Anfang Mai oder Juni an Ort und Stelle ausgesät. Die Beete müssen gut vorbereitet, d. h. gründlich gelockert und gedüngt sein. Das Saatgut wird wenig oder gar nicht mit Erde bedeckt und fest ange-

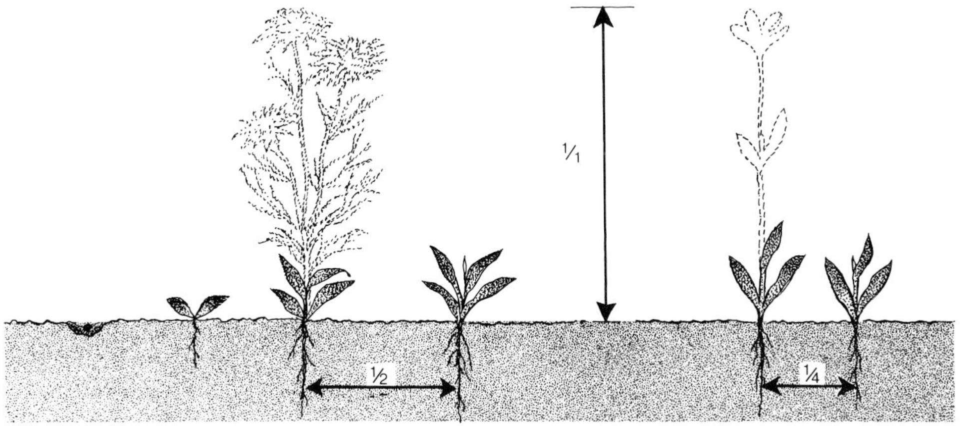

Verpflanzen bei drei bis vier Blättern, Abstand = halbe spätere Wuchshöhe, bei schmal bleibenden Pflanzen ein Viertel der Wuchshöhe.

drückt. Wenn das erste Grün zu sehen ist, muß reichlich gegossen werden. Sobald die Pflanzen drei bis vier Blätter aufweisen, ist es Zeit, auszudünnen. Es werden so viele Pflanzen herausgenommen, daß die verbleibenden genügend Platz zur vollen Entwicklung haben. Der günstige Pflanzabstand beträgt etwa ¼–½ der Höhe der ausgewachsenen Pflanze: Bei breit wachsenden Pflanzen soll man die obere, bei straff aufrecht wachsenden die untere Grenze dieser Faustzahl als Abstand nehmen. Die herausgenommenen Pflanzen setzt man im richtigen Abstand wieder ein oder bereitet dem Nachbarn damit eine Freude. So kultiviert man z. B. *Nigella damascena* (Jungfer im Grünen), *Briza maxima* (Zittergras), *Xeranthemum annuum* (Papierblume) und andere mehr.

Einjahrsblumen mit Vorkultur

Zu den anspruchsvollen Einjahrsblumen gehören die Pflanzen, die aus wärmeren Ländern stammen und als Bewohner der Subtropen und Tropen unser rauhes Klima nur in den Sommermonaten von Ende Mai/Anfang Juni bis Ende September/Anfang Oktober ertragen. In jedem Falle gibt eine Vorkultur den Pflanzen einen Wachstumsvorsprung, der auch solchen Arten gut bekommt, die Prachtexemplare werden sollen, aber normalerweise an Ort und Stelle ausgesät werden. Um ein gutes Wachstum zu erzielen, sollte man für anspruchsvolle Einjahrsblumen die wärmeren und geschützten Stellen des Gartens vorsehen. Manche Arten, z. B. *Proboscidea lousianica* (Gemswurz), brauchen dazu noch einen langen und heißen Sommer. Die Aussaat und Vorkultur muß im Frühbeetkasten, im Gewächshaus oder auch auf dem Fensterbrett geschehen. Wer solche Einrichtungen nicht besitzt, spricht am besten mit seinem Gärtner, der sicherlich bereit ist, die Planzen heranzuziehen. Wenn dann die Einzelpflanze etwas mehr kostet als eine Aster, so ist das zu verstehen, denn unsere Pflanzen sind ja auch

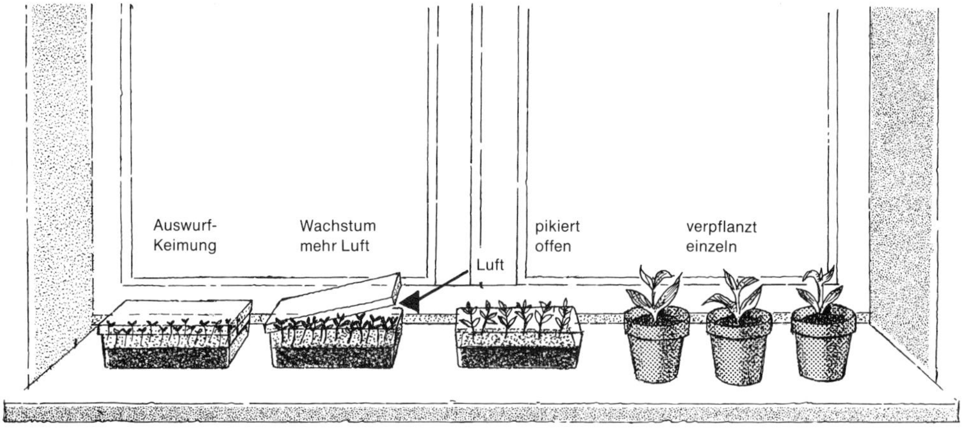

Fensterbrettkultur

Ab dem ersten Laubblatt durch Lüften abhärten und bei zwei bis vier Laubblättern pikieren oder gleich eintopfen.

mit nicht alltäglicher Sorgfalt betreut worden.

Wer es auf der Fensterbank versuchen will, sollte so vorgehen: Ein großer Blumentopf wird bis zwei Finger unter dem Rand mit Erde gefüllt. Jetzt wird ausgesät, gut angedrückt und angegossen. Auf den Blumentopf legt man eine Glasscheibe, um so eine Art Minigewächshaus mit hoher Luftfeuchtigkeit für die keimenden Samen zu schaffen. Sind die Samen aufgelaufen, d. h., zeigt sich das erste Grün, legen wir einen Bleistift zwischen Glasplatte und Topfrand, damit die Pflanzen Luft bekommen. In kurzer Zeit können wir dann die Glasscheibe abnehmen und noch etwas später die Pflanzen in andere Blumentöpfe vereinzeln. Besonders gut eignen sich zur Aussaat und zum Vereinzeln Halbtöpfe; das sind Blumentöpfe, die nur etwa halb so hoch wie breit sind.

Auf diese Weise können wir auch viele Pflanzen, die in ihrer Heimat Stauden oder Sträucher, also mindestens zweijährig sind, bei uns aber den Winter im Freien nicht überstehen, wenigstens einjährig kultivieren. Zu diesen anspruchsvollen »einjährigen« Pflanzen gehören beispielsweise *Celosia argentea* 'Cristata' (Hahnenkamm), *Coix lacryma-jobi* (Hiobsträne), *Helichrysum bracteatum* (Strohblume).

Zweijährige Pflanzen

Zu dieser Gruppe gehören Pflanzen, die erst im Jahr nach der Aussaat blühen und danach absterben. Manche von ihnen müssen ein Jahr lang Reservestoffe sammeln, um im nächsten Jahr den Blütenstand entwickeln zu können, während andere die Kälte oder die kurzen Tage der Wintermonate zum Auslösen der Blüte benötigen. Die Aussaat erfolgt meist an Ort und Stelle im späten Frühjahr oder Frühsommer. Bei Pflanzen, die nur den Kältereiz brauchen, wie etwa Roggen, genügt eine Aussaat im Herbst. Zu den ein- bis zweijährigen Pflanzen zählt z. B. *Lu-*

naria annua (Silberling), zu den zweijährigen *Verbascum* (Königskerze). Wenn wir einen oder zwei Fruchtstände zum Ausreifen stehenlassen, fallen die Samen aus, und bei günstigem Standort und wenig Hacken im Umkreis der alten Pflanze gibt es Nachwuchs durch Selbstaussaat. Dies geschieht gern und leicht bei Fingerhut *(Digitalis)*, Nachtkerze *(Oenothera)*, Bärenklau und seinem leicht zur Gartenplage heranwachsenden Vetter, der Herkulesstaude *(Heracleum)*, wie auch bei Akelei *(Aquilegia)*.

Stauden

Stauden sind krautige, ausdauernde Pflanzen mit Wurzelstock, Zwiebel oder Knolle. Sie sind winterhart; die über der Erde stehenden Teile sterben mit Winterbeginn meist ab. Man kann sie sich durch Samen, Teilung oder Stecklinge selbst heranziehen, doch dauert es dann oft mehrere Jahre bis zur ersten Blüte. Einfacher ist es, die gewünschten Pflanzen in guter Qualität, d. h. blühstark, beim Fachmann zu kaufen. Spezialbetriebe für winterharte Blütenstauden, die Staudengärtnereien, führen sehr große Sortimente. Dort sucht man sich im Sommer während der Blütezeit aus, was man im Herbst oder Frühjahr im eigenen Garten pflanzen möchte.
Zur guten Entwicklung der Stauden sind deren Ansprüche an den Standort – feucht oder trocken, sonnig oder schattig usw. – zu beachten. Je mehr Blätter, Blüten und Fruchtstände eine Staude im Laufe eines Sommers produziert, um so mehr müssen wir durch Düngen und, wenn es nicht genügend regnet, durch Gießen für die Ernährung und das Wachstum der Pflanzen sorgen.
Stauden sind z. .B. *Aruncus sylvester* (Geißbart), *Echinops* (Kugeldistel), *Solidago* (Goldrute) und auch viele Gräser, wie *Carex grayi* (Morgensternsegge) und *Cortaderia selloana* (Pampasgras).

Gehölze

Gehölze sind Pflanzen, bei denen alle oberirdischen Teile verholzen und den Winter über erhalten bleiben. Hierher gehören unsere Bäume und Sträucher. Werden davon Zweige geschnitten, so sollte man darauf achten, daß die Pflanzen nicht verunstaltet werden und ihr Aufbau erhalten bleibt.
Als Halbsträucher bezeichnet man die Pflanzen, deren Austriebe jedes Jahr bis auf die unteren verholzten Stengelteile absterben. Sie sind im Frühjahr bis in diese verholzten Teile zurückzuschneiden, um wieder einen kräftigen, neuen Austrieb zu erreichen. Pflanzung und Behandlung wie eine Staude, Rückschnitt wie ein Gehölz. Ein Beispiel dafür ist *Caryopteris × clandonensis* (Bartblume).

Als Schnittblumen kaufen

In den letzten Jahren werden in den Wintermonaten frische Stengel von Schleierkraut *(Gypsophila)* und blauer Statice *(Limonium sinuatum)* aus Israel importiert. Man kann sie behandeln, wie in den Steckbriefen angegeben. Ein anderes Verfahren ist es, sie einfach in eine Vase zu stellen und trocknen zu lassen, wie man es am besten mit den vielen aus Südafrika importierten Blütenzweigen macht. Die auffallendsten Blüten, besser Blütenstände oder Blütenköpfe, gehören zu Gattungen der Proteaceae (Proteen oder Silberbaumgewächse). Die größte der vielen *Protea*-Arten ist *P. cynaroides*. Ihr Name erinnert an *Cynara*, d. h. an die Artischockenähnlichkeit der Proteenblütenstände. *Protea*-

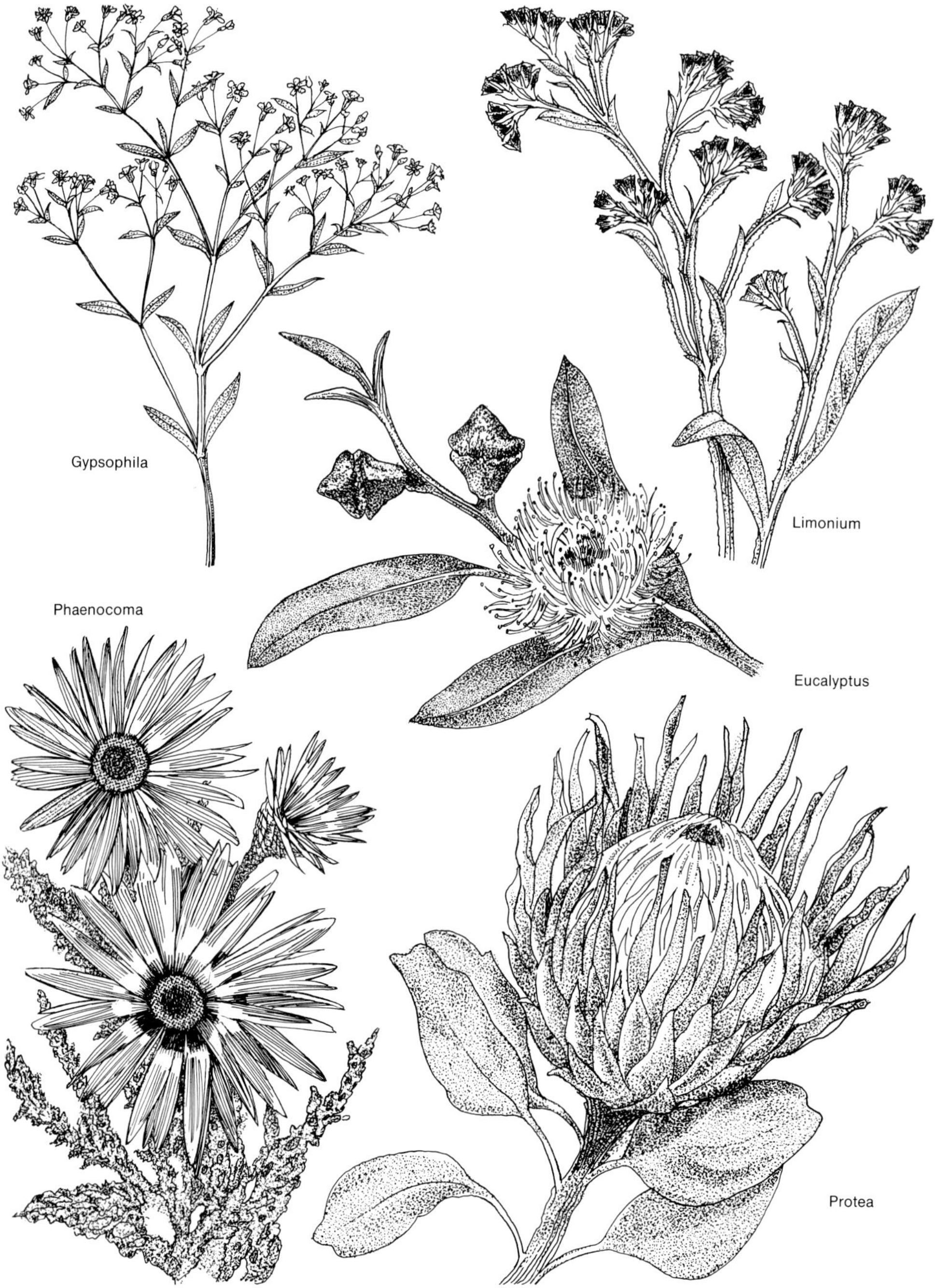
Gypsophila
Limonium
Phaenocoma
Eucalyptus
Protea

Arten trocknen sehr gut und halten lange. Die Blüten einer anderen Gattung, *Leucospermum,* haben durch ihre langen farbigen Griffel und Narben eine große dichte Strahlenkugel um den Blütenkopf. Sie verlieren beim Trocknen oft Form und Farbe. *Leucadendron*-Arten wiederum haben Blütenköpfe, die denen unserer Disteln ähneln und im Knospen- oder Fruchtzustand an kleine Zapfen erinnern.
Neben den Proteen werden auch viele blühende Zweige verschiedenster Erika-Arten eingeführt. Sie eignen sich nicht zum einfachen Trocknen und bieten dem Experimentierfreudigen vielfarbiges Versuchsmaterial.
Einen ganzen Blütenstand aus dicken, grünen, knopfartigen Blütenköpfen hat *Brunia albiflora,* deren kleine weiße Blüten oft in der Vase noch aus den Knospen erblühen. Sie trocknen leicht im Knospenstadium und halten lange.
Kleine rosa Strohblumen besitzt der südafrikanische Korbblütler *Phaenocoma prolifera.* Die importierten Zweige haben grauhöckerige Stengel. Ihre Knospen erblühen in der Vase und behalten lange Zeit Form und Farbe gut.
Grasartige Stengel mit Köpfchen ähnlich unserem Spitzwegerich oder einer Binse gehören zu Gattungen der großen südafrikanischen Familie der Restionaceae, die dort die gleiche Rolle spielen wie bei uns die Gräser.

Ernten und Vorbereiten

Ernten heißt schneiden, bündeln und trocknen, und zwar zum richtigen Zeitpunkt, damit Form und Farbe der Pflan-

Von Herbst bis Frühling im Blumengeschäft kaufen fürs Trockenblumenhobby.

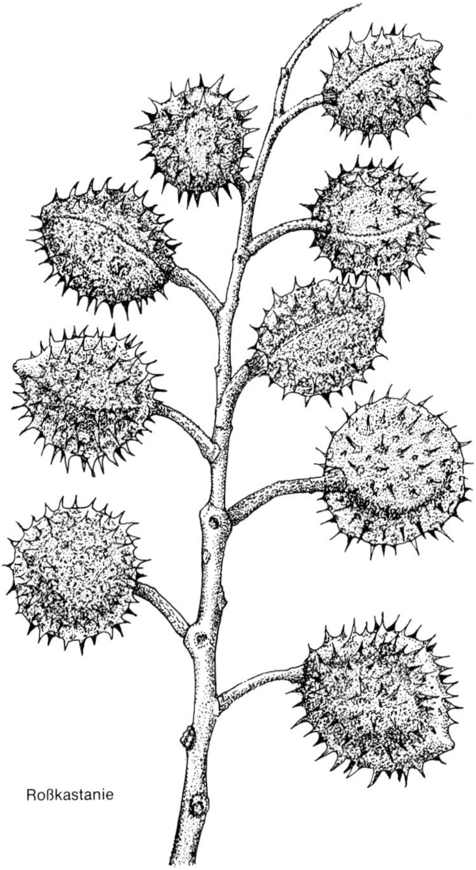

Probieren hilft das richtige „Unreifestadium" für die Roßkastanien finden.

zen und Pflanzenteile erhalten bleiben. Um den für uns günstigsten Zeitpunkt zu finden, sind einige botanische Kenntnisse nützlich. Wir können dann das Nachhelfen, das Konservieren und Präparieren in den meisten Fällen weglassen.
Pflanzen und Pflanzenteile bestehen aus Zellen. Im Pflanzeninneren enthalten sie meist mehr Wasser als an der Pflanzenoberfläche. Diese Zellflüssigkeit, der Saft, muß eintrocknen. Dazu muß das Wasser

Die ersten Staubfäden werden sichtbar: letzter Schnittermin vor dem Zerfallen.

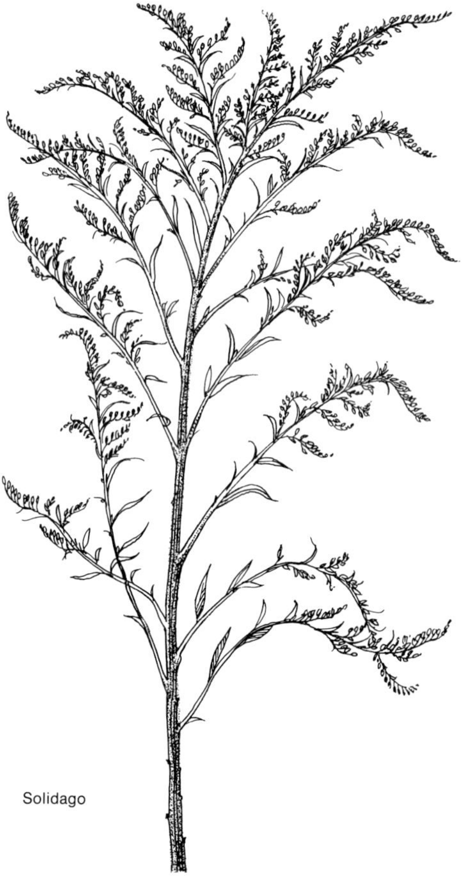

Farbe zeigende Goldruten knospig schneiden und Blätter abstreifen.

verdunsten, wenn die Trockensubstanz, unsere Trockenblume, lange halten soll. Betrachten wir als Beispiel *Helichrysum,* die Strohblume, so sehen wir, daß die Blütenblätter nur aus wenigen Zellschichten bestehen und bereits so trocken sind, daß sie kaum noch Wasser abgeben können. Anders ist es mit dem Stengel und den Blättern. Sie sind zwar derb und fest, enthalten aber ausreichend Saft, so daß Strohblumen, die beim Trocknen noch lange Stengel haben, meist noch aufblühen, verblühen und reife Samen bilden. Wir können dann nur noch den Samen für die Aussaat im nächsten Jahr verwenden. Wenn wir dagegen die Farbe zeigende Strohblumenknospe kurz vor dem Öffnen mit kurzem Stiel abschneiden und trocknen, erhalten wir brauchbare Trockenblumen – Strohblumen. Es ist also wichtig, die Blätter an Blütenstengeln zu entfernen, wenn es um die Blüten oder den Blüten-

oder Fruchtstand geht. Ebenso sind dicke saftige Stengel zu entfernen. Wenn man schon einige Erfahrung mit dem Trocknen gesammelt hat, kann man den Saft im Pflanzenstengel auch ausnutzen, damit z.B. die Artischockenknospe *(Cynara)* noch richtig aufblüht oder die Silberlinge *(Lunaria)*, vor Regen und Staub geschützt, ihre Samen vollends ausreifen und beim Aufspringen der Schoten das innere Trennhäutchen, der »Silberling«, unbeschädigt und sauber bleibt.

Trocknen an der Luft

Entsprechen die Pflanzen oder Pflanzenteile unseren Vorstellungen und haben wir dabei das eventuelle Weiterentwickeln während des Trockenvorganges berücksichtigt, dann ist der richtige Zeitpunkt zum Schneiden, d.h. zum Ernten, gekommen. Dabei heißt es also, sich nicht nach dem Kalender zu richten, sondern nach der langsam wachsenden Erfahrung und den eigenen Wünschen zu handeln.

Die einfachste Art des Trocknens ist, die Stiele, jeweils ein oder zwei Dutzend, zu bündeln und den Strauß mit den Köpfen nach unten im luftigen Schatten aufzuhängen. Da die Stengel beim Trocknen dünner werden, müssen wir nachbinden; sonst ist nichts weiter zu tun.

Wenn an den Stielen Blätter sitzen, die wir beim Verarbeiten nicht benötigen, streifen wir sie besser vor dem Trocknen ab. Als Beispiel seien die *Achillea*-Arten genannt.

Anders verfahren wir mit Gräsern, bei denen das elegante Überhängen der Blätter am Grashalm nach dem Trocknen erhalten bleiben soll. Wir stellen sie, in Gefäßen ohne Wasser stehend, an einen schat-

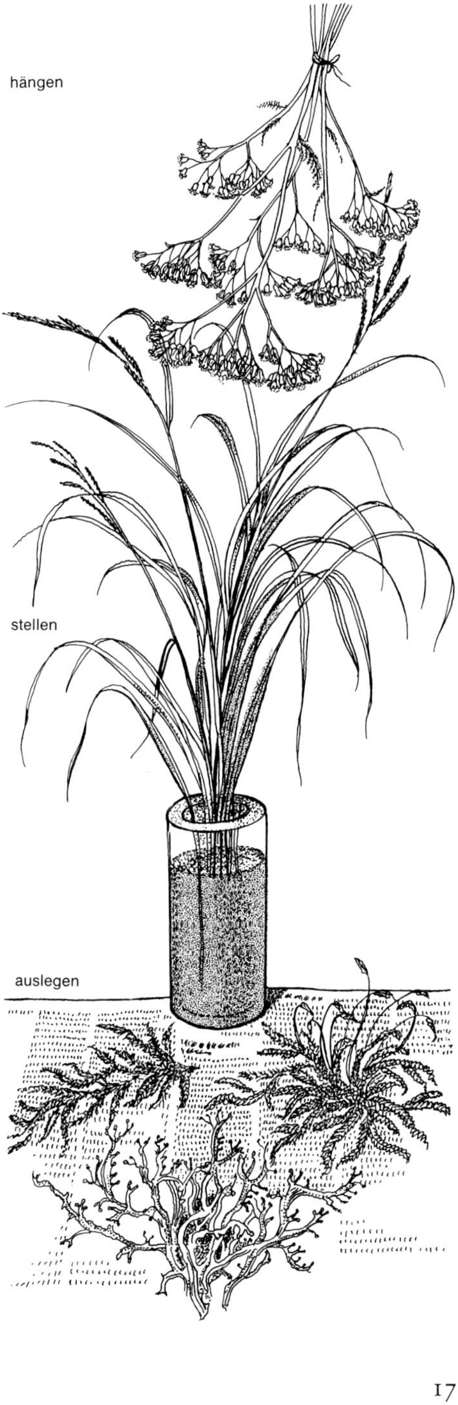

Stehend, hängend oder liegend trocknen – ganz nach Art des Materials.

tigen Platz. Es gibt selbstverständlich auch Ausnahmen, bei denen wir in der Sonne trocknen, wie etwa die Blütenstände von *Cortaderia* (Pampasgras). Ebenfalls in Gefäßen ohne Wasser trocknen wir im Schatten oder besser in der Sonne die fruchtbesetzten Zweige von *Aesculus* (Roßkastanie) und *Castanea* (Eßkastanie).

Wichtig ist in jedem Falle Luftbewegung am Trockenplatz, damit das Trocknen schnell vor sich geht. Das ist deshalb wichtig, weil sonst oft, wie beim Laubfall im Herbst, noch chemische Veränderungen in den Zellen vor sich gehen und die Blatt- oder Blütenfarben verändern. Besonders empfindlich sind z. B. manche gelben Blütenfarbstoffe. Wer nicht gerade diese Verfärbungen erreichen will, sollte möglichst schnell trocknen, d. h. mit zusätzlicher Wärme (Heizlüfter), nachhelfen. Auch die Backröhre leistet mit ihrer Nachwärme vom Sonntagskuchenbacken oder Einwecken gute Dienste. Moose und Flechten lassen sich, wie manche Fruchtstände, auch einfach auf Papier ausgebreitet trocknen.

Trocknen mit Silikagel

In der Chemie verwendet man zum Trocknen, d. h. Wasserentzug aus Flüssigkeiten und festen Teilen, Silikagel (Kieselgel). Diesen Stoff gibt es in Laborbedarfsgeschäften und Chemikalienhandlungen, für den Trockenblumenfreund schon speziell abgepackt beim Bastel- und Hobbybedarf. Das handelsübliche Kieselgel ist für unsere Zwecke etwas grobkörnig (1–3 mm); das feinpulverige, dessen Körnung bei etwa 0,1 mm liegt, ist leider erheblich teurer. Es ist bei feinen, komplizierten und kleinen Blüten zu empfehlen – jedenfalls für denjenigen, der das Kieselgeltrocknen

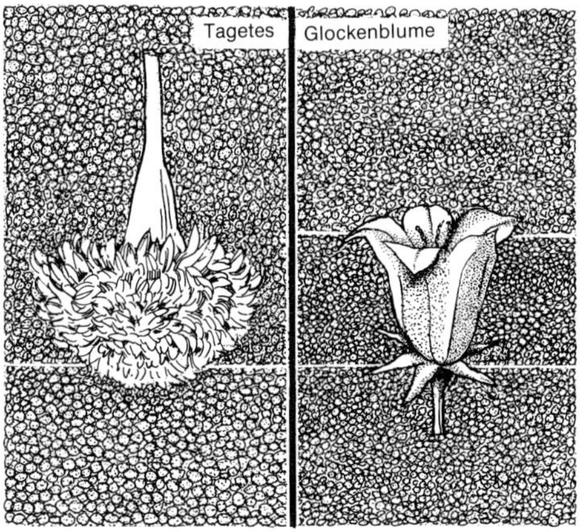

Offene Blüten von oben, außen und innen in Silikagel einbetten.

intensiv und bis zur Kunstfertigkeit betreibt. Das übliche Silikagel gibt es auch mit Beimischung eines blauen Kobaltsalzes, das Wasseraufnahme durch Verblassen bis rosa Verfärbung anzeigt. Getrocknet wird das Silikagel durch Erhitzen auf etwa 200 °C. Das feinkörnige Silikagel gibt es bisher noch nicht mit dem blauen Feuchtigkeitsanzeiger – ein Mangel, dem mit der Zugabe von einigen Löffelvoll blau gefärbtem, grobkörnigem Kieselgel als Indikatoranteil abzuhelfen ist. Vom Zerstampfen der groben Körner zu feinpulverigem Material wird abgeraten. Im Normalfall reicht die grobe Körnung, eventuell verstärkt durch die Wärme der Zentralheizung; für die gesteigerten Ansprüche der »Kunst des Kieselgeltrocknens« lohnt sich der Kauf der feinpulverigen Form.

Ein Gefäß zum Trocknen mit Kieselgel muß dicht verschließbar sein, damit Wasser nur aus den Pflanzenteilen und nicht aus der umgebenden Luft aufgenommen wird. Brauchbar ist ein weithalsiges Weckglas, mit Gummiring und Klammer

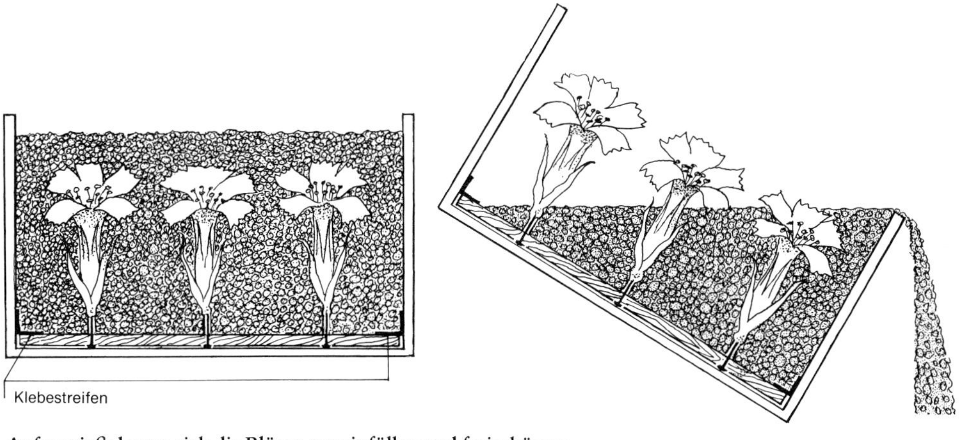

Aufgespießt lassen sich die Blüten gut einfüllen und freischütten.

verschlossen, oder einer Blechdose, die man mit einem Klebestreifen abdichtet.
Das für die Trocknung vorgesehene Material muß von der Konsistenz her so fest sein, daß es sich in das Kieselgel einbetten läßt und nicht vorher schon Schaden leidet. Es macht Spaß, Erfahrungen zu sammeln und dann auch zartere, schwieriger gebaute Blütengebilde trocknen zu können. Die Blüten werden am Morgen frisch, aber nicht mehr tau- oder regenfeucht, geschnitten; die Länge des Stieles richtet sich nach der Höhe des Gefäßes, in dem er getrocknet wird. Der Gefäßboden wird einige Zentimeter mit Kieselgel bedeckt, danach werden die Blüten – Kopf oder Stiel nach unten – je nach Form hineingelegt. Das ganze wird mit Kieselgel vorsichtig 2–3 cm über die Blüten aufgefüllt. Dabei müssen die Blüten oder Pflanzenteile so liegen, wie sie auch später trocken aussehen sollen, da nach dem Trocknen alles steif und brüchig ist. Wie brüchig und empfindlich eine getrocknete Blüte ist, merkt man, wenn man nach dem Trocknen das Kieselgel nicht vorsichtig genug »abfließen« läßt. (Anhaftende Teilchen des Silikagels entfernt man mit einem weichen Pinsel). Kleine Kniffe, die jeder selbst entwickelt, helfen weiter, z. B.: man legt auf den Gefäßboden ein Brettchen mit Nägeln und steckt darauf die Blüten. Oder: wärend man das Kieselgel hineinrieseln läßt, klopft man leicht gegen die Gefäßseitenwand, damit die Körner schön dicht und gleichmäßig an den Pflanzenteilen anliegen.
Nach dem Einfüllen und Verschließen wird das Gefäß vorsichtig, ohne zu schütteln oder zu kippen, weggestellt. Ein wenig Wärme, sei es die Sonne oder die Zentralheizung, hilft die Trockenzeit verkürzen, ist aber nicht unbedingt erforderlich. Die Trockenzeit dauert je nach Blütengröße und Feuchtigkeitsgehalt bei Studentenblumen *(Tagetes)*, Zinnien *(Zinnia)*, Nelken *(Dianthus)* oder Begonien *(Begonia)* 3–6 Tage, während Osterglocken *(Narcissus)*, Glockenblumen *(Campanula)* oder Schwertlilien *(Iris)* auch schon nach 2–4 Tagen so weit sein können. Die Beispiele zeigen: geeignet sind alle Blüten, die beim

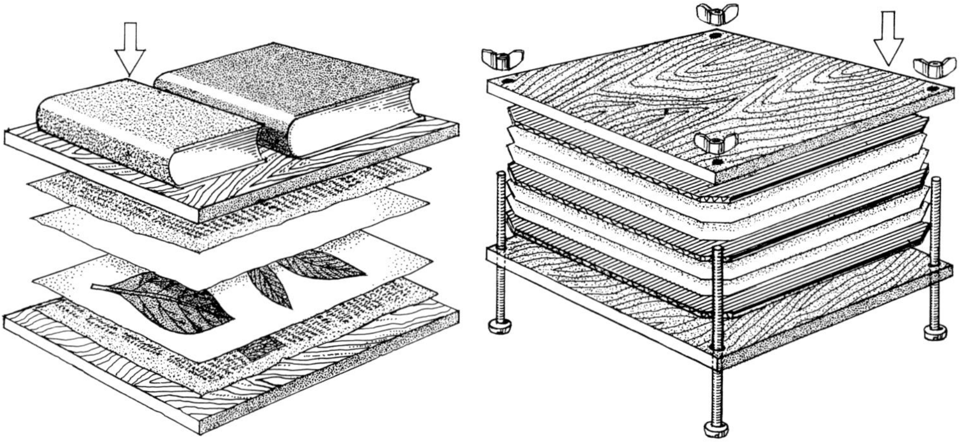

Nach dem schichtweisen Einlegen leicht anpressen und während des Trocknens nachspannen.

Verblühen nicht sofort abblättern, vornehmlich also die gefüllten.
Über das Experimentieren mit Kieselgeltrocknung war vor kurzem in der Mitgliederzeitschrift der Gesellschaft der Kakteenfreunde Erstaunliches zu lesen: Der Diplombiologin Olga Chudovska gelang es, bei 50 °C im Trockenschrank und einer Trocknungszeit von rund 24 Stunden je 100 g Kakteengewicht blühende Exemplare, z. B. von *Mammillaria, Rebutia* und *Notocactus,* farb- und formgetreu zu trocknen. Hier wird es weit schwieriger sein als bei unseren Blüten, das Material anschließend trocken zu erhalten. Zu diesem Zweck wird Lack in mehreren dünnen Schichten aufgesprüht – zuviel auf einmal würde alles verderben, weil die Blüten einen dicken, klebrigen Überzug mit sichtbaren Fließspuren bekämen. In der Regel wird es dieses Schutzes nicht bedürfen: unsere zentralgeheizten Zimmer haben ja – leider! – eine geringe Luftfeuchtigkeit.
Vorratsmaterial oder eine Blütensammlung, z. B. von verschiedenen Narzissensorten, sollte im luftdicht verschlossenen Kasten aufbewahrt werden, in dem ein Säckchen (aus Damenstrumpf) mit Kieselgel für Trockenheit sorgt. Mit Kieselgel getrocknete Blüten sollten nicht der bleichenden Wirkung direkter Sonnenbestrahlung ausgesetzt werden.

Nostalgisch bis futuristisch: Sand, Borax, Gefrierschock

Zur Zeit unserer Großeltern, als es noch kein Silikagel gab, war das Trocknen mit feinem Seesand üblich, später auch mit dem pulverigen Borax (Haushaltsborax tut es für uns, das chemisch reine Borax ist nicht nötig und viel teurer). Da beide Hilfsmittel nur eine geringe Wasseraufnahmefähigkeit besitzen, muß mit der Wärme des Backofens oder der Sonne nachgeholfen werden. Wer will, mag es einmal versuchen – mit Kieselgel geht es wesentlich besser und einfacher!

Gefriertrocknung

Das Gefriertrocknungsverfahren wäre sicher ideal, ist aber ohne außerordentlich

Freie Bahnen für die Glyzerinlösung: Zweigenden leicht zerschlagen.

Gleichen Effekt hat auch Spalten oder sehr lang Anschneiden der Zweige.

aufwendige und teure technische Hilfsmittel nicht durchführbar. Dabei werden die Pflanzenteile, Blüten, Früchte, Wurzeln bei tiefen Temperaturen schockartig gefroren; dann läßt man im Vakuum das Wasser verdunsten. Küchengewürze, auch viele Bestandteile von Fertigsuppenpulvern werden so hergestellt.

Pressen von Blüten und Pflanzenteilen

Beim Pressen – seit alters für das Anlegen eines Herbariums geübt – geht es darum, den Pflanzenteilen durch saugfähiges Papier schnell das Wasser zu entziehen. Dazu eignet sich Lösch-, Filter- und Zeitungspapier, das in unmittelbarem Kontakt mit den Pflanzen oder als Zwischenlage verwendet wird. Man legt dann zwischen zwei Brettern Lage auf Lage ein; jede Lage umfaßt dabei die folgenden Schichten:

- Zeitungspapier
- Filter- oder Löschpapier
- Pflanzenteile/Blüten
- Filter- oder Löschpapier
- Zeitungspapier.

Auf das Schlußbrett dann einige Bücher legen, und das ganze kann trocknen. Feudaler sind natürlich Pflanzenpressen, die es zu kaufen gibt und mit denen man beim Trocknen das ganze Paket unter Druck halten kann. Solche Pflanzenpressen lassen sich auch besser in der Backröhre oder auf der Heizung zur Förderung der Trocknung unterbringen. Die Wärme sollte aber 40–50 °C nicht übersteigen, da sonst die hohe Temperatur manche Farbe verändert. Sehr saftreiche, dicke Pflanzen (Sukkulenten) oder ebensolche Teile, wie Stengel, Blütenköpfe und Früchte, sind schlecht geeignet und sollten besser nicht oder anders behandelt werden.

Präparieren mit Glyzerinlösung

Haltbarmachen durch Trocknen ist bei größeren, saftreichen Beeren und Früchten nur bedingt möglich. Hier müssen wir entweder die Verdunstung vermindern (s. nächster Abschnitt), oder wir müssen den Zellsaft durch eine Flüssigkeit ersetzen, die langsamer als Wasser verdunstet. Dazu eignet sich ein Glyzerin-Wasser-Gemisch im Verhältnis 1:2 oder 1:3. Einfaches (nicht chemisch reines) Glyzerin wird mit kochendem Wasser gemischt; dann werden die Zweige oder Stengel direkt in die heiße Lösung eingestellt. Der Standort muß hell sein, damit die Blätter weiter assimilieren und das Glyzerin-Wasser-Gemisch nach oben saugen. (Bei dicken Zweigen unteres Ende mit dem Hammer zerschlagen oder kreuzweise anschneiden.)

Ein bis zwei Wochen dauert es, bis sich die Blätter fettig anfühlen, ein Zeichen, daß das Glyzerin bis dorthin gelangt ist und die Behandlung abgeschlossen werden kann. Bei Fruchtzweigen können wir die Blätter dann entfernen oder auch dranlassen. Die Blätter färben sich bei dieser Prozedur etwas dunkler oder werden wie bei der Stechpalme *(Ilex)* ganz lederbraun.

Getrocknete Blätter und Laubzweige, in ein konzentriertes Glyzerin-Wasser-Gemisch getaucht, werden geschmeidiger und lassen sich dann leichter verarbeiten.

Bienenwachs läßt Kürbisse glänzen und schützt vor schnellem Schrumpeln.

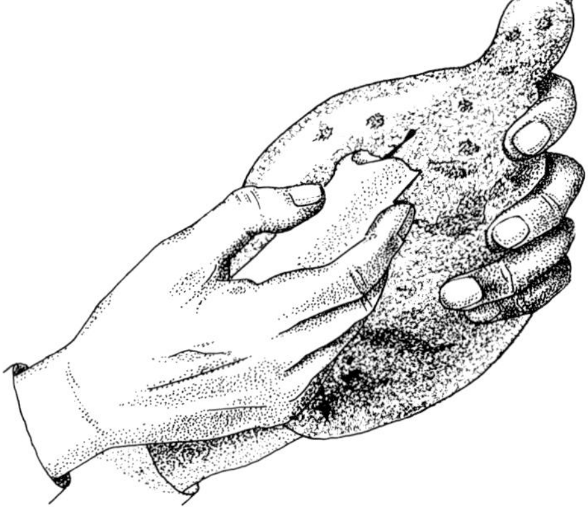

Stellt man Zweige mit trockenen, noch unreifen Früchten, etwa Buchenzweige, in diese Lösung, so werden nach einiger Zeit die Früchte aufspringen, wobei die Hülsen ebenso wie die Bucheckern selbst an den Zweigen haften bleiben.

Jetzt kommen auf ähnliche Weise – mit wohl anderen Mitteln – fabrikmäßig präparierte Nadel- und einige immergrüne Laubgehölzpflanzen auf den Markt. Ein schwedischer Gärtnermeister scheint nach langen Experimenten Erfolg zu haben.

Präparieren mit Verdunstungsschutz

Bei der Glyzerinmethode ersetzt wird das Wasser im Zellsaft durch das wesentlich langsamer verdunstende Glyzerin. Man kann auch anders vorgehen, indem man das Wasser in dem Pflanzenteil daran hindert, schnell aus den Zellen zu »vertrocknen«. So werden etwa Kürbisse mit Bienen- oder Bohnerwachs oder einem Tropfen nicht verharzendem Nähmaschinenöl »versiegelt«. Fixier- oder Haarspray oder Sprayfarben haben den gleichen Zweck; auch sie dichten die Oberfläche gegen den Austritt von Wasserdampf aus den Pflanzenteilen ab. Umgekehrt unterbinden diese Verfahren die Aufnahme von Wasserdampf aus der Luft.

Schließlich haben Lack und Haarspray auch eine technische Hilfsfunktion: Damit läßt sich die drohende Auflösung von Fruchtständen abwenden. Sie ist, wenn man nicht zeitig genug geschnitten hat, mit Sicherheit beim Nachreifen während des Trocknens zu erwarten. Das gilt besonders für die Ähren von Gräsern. Lack oder Haarspray verklebt die Einzelteile miteinander, infolge der feinen Verteilung jedoch so, daß alle Einzelheiten, selbst kleine Härchen, noch klar zu erkennen sind. In jedem Falle ratsam ist die Anwen-

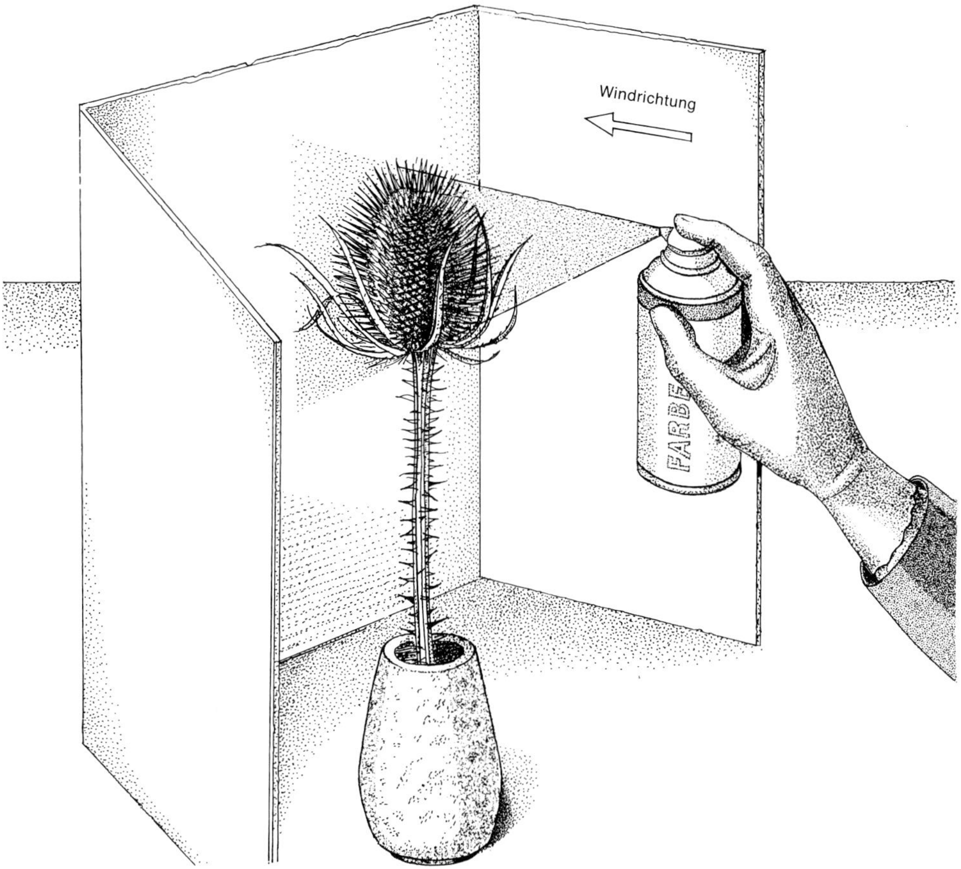

Sprühfärben in aller Kürze: in Windrichtung arbeiten, vor einem Schutz, mit senkrecht gehaltener Sprühdose; Handschuhe anziehen.

dung bei *Typha* (Rohrkolben, Lampenputzer). Sie reifen meist nach dem Schneiden noch so weit aus, daß ein Anstoßen genügt, um die Samen als braune Wolken durch das Zimmer schweben zu lassen.

Farben und färben

Schnelles Trocknen des Pflanzenmaterials, so haben wir festgestellt, hilft die natürlichen Farben erhalten. Manche Farbstoffe sind als feste Teilchen im Zellsaft oder in der Zellwand verteilt; sie verändern sich beim Trocknen kaum und werden danach nur langsam durch chemische Veränderungen schwächer. Wird die Farberscheinung durch chemisch instabile Farben bewirkt, so erfolgt beim Verdunsten automatisch eine Farbänderung.

Mit Farben aus der Sprühdose ist das früher mühsame Einfärben des Trockenmaterials recht einfach geworden. Dosen mit geeigneten Farben, auch Gold- und Silbertöne, erhält man in Drogerien oder Fachgeschäften für Gärtner- oder Hobbybedarf oder in Farbhandlungen. Beim Sprühen werden die Farben so fein verteilt, daß Form und Struktur des Trockenmaterials voll erhalten bleiben. Dabei können wir gelegentlich »rationalisieren«: Wir legen z.B. beim Goldsprühen von Zweigen Blätter darunter, die dann auch gleich golden werden. Zum Färben sollten wir Gummihandschuhe anziehen und in einem luftzugfreien Raum arbeiten, wo es nichts ausmacht, wenn die Umgebung auch ein wenig bunt wird, andernfalls schützt man Unter- und Hintergrund durch Zeitungspapier. Beim Kauf der Dose darauf achten, daß sie umweltungefährliches Treibgas enthält.

Färben durch Tauchen. Bei manchen blauen oder roten Pflanzenfarben reicht schon eine geringfügige Einwirkung von Säure oder Lauge zur Farbveränderung. Sie reagieren ähnlich wie Lackmus: rot, wenn sauer, und blau, wenn alkalisch. Wer gerne experimentiert, sollte es mit einer Blume von *Xeranthemum* (Papierblume) versuchen. Beim Eintauchen in verschieden stark konzentrierte Essig- oder Zitronensäure färbt sich die blaue Blüte mehr oder weniger intensiv rot. Der Botaniker Brunfels hat in seinem 1532 erschienenen Kräuterbuch dieses Phänomen beschrieben. Er hatte eine Blüte der Wegwarte in das Gewimmel eines Ameisenhaufens gehalten und festgestellt, daß sich die blaue Blüte infolge der Ameisensäure blutrot färbte.

Wir benutzen heute besser Farben für unser Material, die billig sowie einfach zu handhaben sind. Für die Farblösung kann man spezielle Trockenblumenfarben nehmen. Es geht aber ebensogut mit Ostereier- und Batikfarben, die dazu noch meist billiger sind. Die Tauchdauer ist am Material auszuprobieren; meist reichen wenige Minuten. Als Gefäße sind Kunststoffblumenkästen – ohne Löcher! – sehr geeignet, da sie der überwiegend gestreckten Form des Materials, wie Gräsern, Fruchtständen, bei wenig Farblösung entsprechen.

Bemalen. Viel Geduld und Probieren setzt das Bemalen zum Auffrischen der Farben bei Trockenmaterial voraus. Besonders gepreßte oder auch kieselgetrocknete Blüten verlocken dazu. Es geht mit Wasserfarben. Das Trockenmaterial nimmt die Farbe leicht an, wenn wir die Oberflächenspannung des benutzten Wassers durch einige Tropfen Geschirrspülmittel herabsetzen. (Diesen Tip sollte man sich merken, wenn Blumenerde mit viel Torfanteil ausgetrocknet ist und kein Wasser aufnehmen will).

Bleichen. Das in großer Auswahl käufliche gebleichte Trockenmaterial ist mit Säuren oder Schwefeldioxid behandelt worden. Im Privatbereich ist von den durchaus gefährlichen Bleichexperimenten abzuraten, ja zu warnen. Wer gebleichtes Material braucht, wird es vernünftigerweise kaufen oder im Januar/Februar sammeln, wenn Schnee, Schneewasser und Sonne viele Gräser und Fruchtstände für uns gebleicht haben.

Besondere Formen herausarbeiten

Bei Waldspaziergängen finden wir hin und wieder eine »Eichhörnchenwerkstatt«. Die Tiere haben von den Zapfen die Schuppen abgebissen, um an die Samen zu kommen. Der übriggebliebene Zapfenmittelteil, der Butzen, läßt sich gut

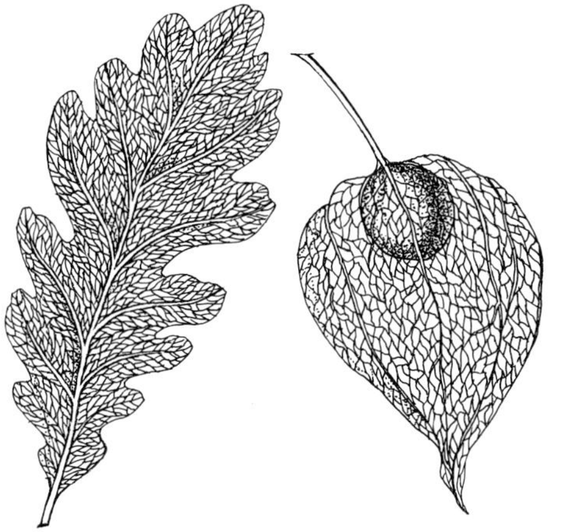

Filigranwerk des Blattaderngerippes bei Eichenblatt und Physaliskelchhülle.

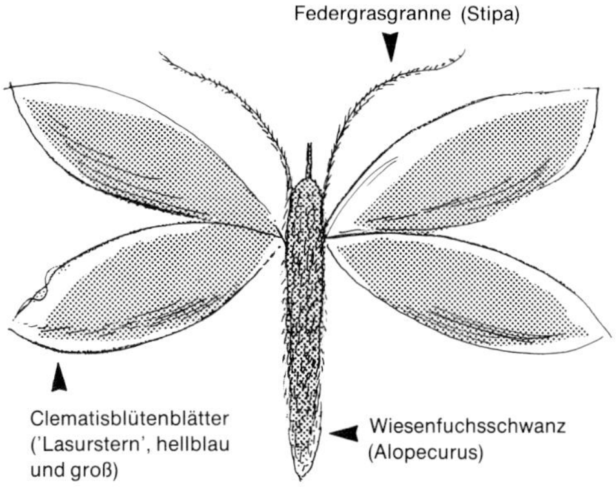

Schmetterlinge, selbstgebastelt – ein Riesenspaß für Kinder.

in Trockengestecken verarbeiten. In diesem Falle hat uns das Eichhörnchen die Arbeit abgenommen. Wir sollten, an dieses Beispiel denkend, unser Trockenmaterial immer auch daraufhin prüfen, ob wir nicht durch Bearbeitung, also Veränderung, interessante Formen oder Strukturen deutlicher machen können.

Einige Anregungen: Bei *Echinacea* (Purpursonnenhut) entsteht durch Auszupfen der Zungenblüten ein ausdrucksstarkes Trockenmaterial; Zweige von *Cytisus scoparius* (Besenginster) sind wesentlich reizvoller, wenn wir sie in die gewünschte Form zurechtbiegen und dann erst trocknen und verwenden.

Blätter werden meist nach Form und Farbe verwertet. Wir können uns aber auch das Filigranwerk ihrer Blattgerippe zunutze machen. Als praktisches Verfahren bieten sich zwei Wege: Entweder legen wir ein Blatt in ein Gefäß mit Wasser und stellen es ins Freie. Jetzt überlassen wir es den Witterungseinflüssen und den Mikroorganismen, die weichen Teile zu zersetzen (Mazeration). Nach einigen Versuchen gelingt es, Blattober- und -unterseite abzuziehen oder abzuspülen und das Filigranwerk der Adern freizulegen. Bei getrockneten Blättern können wir mit den harten Borsten einer Bürste auf einer festen Unterlage durch Klopfen die Blattfläche zwischen den Adern herausbrechen. Gut eignen sich dazu Blätter mit starken, festen Rippen z. B. vom Gummibaum *(Ficus elastica)* oder auch von großblättrigen Magnolien, die wir im Herbst im botanischen Garten aufsammeln können. Die Blattgerippe, die es zu kaufen gibt, stammen aber meist von *Magnolia grandiflora.*

»Trockenblumengestecke« im Kleinstformat lassen sich aus Trockenblumen und getrockneten Pflanzenteilen zusammenstecken, z.B. Erlenzapfen als Mitte und in die Spalten gesetzte gepreßte Blütenblätter von *Clematis* ergeben Blütengebilde von exotischem Reiz. Der Phantasie sind dabei keine Grenzen gesetzt. Übrigens ein vergnügliches Spiel für Kinder an einem verregneten Nachmittag! (Bei uns wurden dann sogar Käfer und Schmetterlinge daraus).

Von Akazie bis Zapfenzweig

Steckbriefe der Trockenblumen

Man könnte alle Pflanzen, die Material für den Trockenblumenfreund bieten, nach Gruppen ordnen. Wir hätten dann Stauden und Einjahrsblumen, Moose, Sträucher und Farne usw. Aber nicht nur, daß sich diese Gruppen überschneiden- es gibt eine Vielzahl von Arten, die sich einer Zuordnung widersetzen, oder die nach einem anderen als dem botanischen Prinzip zu klassifizieren sind. Um diesen Schwierigkeiten aus dem Wege zu gehen, ist in der folgenden Aufstellung die schlichte alphabetische Reihenfolge gewählt.

Warum aber die lateinischen Pflanzennamen, wird mancher verwundert fragen. Nun, im deutschen Sprachraum gibt es oft genug den Fall, daß ein und dieselbe Pflanze mehrere oder von Gegend zu Gegend einen ganz anderen Namen hat. Damit nicht genug: diese Namen »gehören« eigentlich ganz anderen Blumen, so etwa die Bezeichnung »Butterblume« oder »Maiblume« für den Löwenzahn! Man kann also nur froh sein, daß jede Pflanze einen lateinischen Namen hat, unter dem sie jeder Botaniker und Gärtner in der ganzen Welt erkennt und wiederfindet. Die lateinischen Namen in der folgenden Beschreibung und auch die Sortenbezeichnungen sind also für alle diejenigen gedacht, die Pflanzen oder Samen kaufen und auch wirklich das bekommen wollen, was sie haben möchten.

Der Text bei jedem Pflanzennamen sagt etwas aus über Blütenfarbe, Wuchshöhe, Blütezeit sowie Besonderheiten beim Ernten und Trocknen. Er gibt Hinweise auf die speziellen Anzuchterfordernisse der einzelnen Pflanzen durch die Kennzeichnung »Staude«, »anspruchsvolle Einjahrsblume« usw.

Acacia, Akazie

A. decurrens und *A. podalyriifolia* heißen die Bäume, von denen von Dezember bis März in Südfrankreich und in anderen Teilen des Mittelmeeres die Blütenstände geschnitten werden und bei uns als »Mimosen« in den Blumengeschäften wiederzufinden sind. Man kann sie sehr gut trocknen lassen; danach sollten sie mit Haarspray eingesprüht werden, damit die kleinen, lockeren, gelben Bällchen nicht krümeln. Will man selbst »Mimosen« – es gibt noch viele andere Arten – halten, so muß man sie als Kübelpflanzen kultivieren. Nach dem Sommeraufenthalt im Garten oder auf der Terrasse sind sie sehr hell und frostfrei zu überwintern.

Acanthus, Akanthus

Die Akanthusarten sind distelartige, ausdauernde Stauden mit großen, gebuchteten Blättern, deren Blattlappen meist in einer Dornspitze auslaufen. Die Blüten stehen je nach Art in 30–50 cm oder auch 100 cm hohen, endständigen Ähren. Sie blühen von Juli bis Herbst und sind sehr dekorative Stauden für den Einzelstand. Der Boden sollte frisch und kalkhaltig sein. Geeignetes Material für die Trockenblumenbinderei sind die großen Fruchtstände, die wir ernten, wenn sich die Samenkapseln zu öffnen beginnen. Bis 1 m hohe Blütenstände hat *A. longifolius*, der sich auch gut frisch geschnitten in der Vase hält und ausgewachsen mit etwa 1 m^2 Platzbedarf für eine Pflanze ein malerischer Punkt in der Staudenrabatte wird. Für den Steingarten geeignet ist *A. spinosus* mit halb so hohen Blütenständen.

Acer, Ahorn

Die vielen heimischen und in den Gärten gepflanzten ausländischen Ahornarten liefern mit ihren Blättern, Früchten und Zweigen überaus formenreiches, vielseitig verwendbares Material. Zweige mit Früchten – geflügelten Nüßchen – schneiden wir im Juli/August, damit sie beim Trocknen haften bleiben; die vertrockneten Blätter werden später abgezupft. Besonders geeignet sind *A. campestre,* der heimische Feldahorn oder Maßholder, und *A. saccharinum,* der aus Nordamerika stammende Silberahorn. Mit Kieselgel getrocknete Früchte verschiedener Arten, zu einem Bilderbogen zusammengefügt, ergeben einen ungemein aparten Wandschmuck. Ebenfalls gut verwendbar sind die Blätter aller Ahornarten. Wir trocknen sie grün im Sommer oder später im Herbst, wenn sie sich gefärbt haben. Großflächige Blätter haben *A. platanoides* (Spitzahorn) und *A. pseudoplatanus* (Bergahorn). Vielgestaltige Blattformen, die sich im Herbst ausgezeichnet färben, finden wir an den Zierahornarten aus Nordamerika und Ostasien. Der wichtigste ist *A. japonicum* (Japanischer Ahorn) mit seinen vielen Formen; ebenso beachtenswert sind *A. ginnala* (Feuerahorn), *A. palmatum* (Fächerahorn) und *A. negundo* (Eschenahorn). Kleine bunte Ahornblätter sind gut zum schmückenden Aufkleben auf Brief- und Tischkarten geeignet. Die große Vielfalt der Blattformen und -farben bei Ahorn gibt ausgezeichnetes Material für die Komposition von natürlichen und abstrakten Bildern aus Pflanzenteilen.

Achillea, Schafgarbe

Die heimische Schafgarbe, *A. millefolium,* ist eine Staude mit aromatisch würzigem Duft. Ihre von Juni bis August erscheinenden Blüten lassen sich, frisch erblüht, gut trocknen. Interessanter als die weiße Wildart ist die rosa Gartensorte 'Kirschkönigin' oder die dunkel karminrote 'Kelway' und die purpurfarbene 'Red Beauty' zusammen mit der samtroten 'Sammetriese'. Ihre Blütenstengel sind 40–80 cm lang. Etwas später blüht gelb *A. filipendulina* (Edelgarbe). Von Juli bis September können wir die bis 120 cm hohen Blütenstände schneiden. Zum Trocknen besonders geeignete Sorten sind 'Parkers Variety', dunkelgelb, und 'Schwefelblüte', hellgelb. Bei der weiß blühenden *A. ageratifolia* (Silbergarbe) ist das silbergraue, bei der goldgelb blühenden *A. tomentosa* (Wollschafgarbe) das grauwollige Laub gut zum Trocknen und Verarbeiten geeignet.
Zum Trocknen streift man am besten die Blätter von den Blütenständen ab und hängt sie zu zehn bis zwanzig gebündelt an einer schattigen Stelle auf.

Aesculus hippocastanum, Roßkastanie

Zweige, die mit vielen stacheligen Früchten besetzt sind, schneiden wir Anfang August. Beim Trocknen an einer schattigen Stelle werden die meisten davon hellbraun und bleiben geschlossen. Einige Früchte werden notreif und platzen auf. Diese bizarren Fruchtzweige der Roßkastanie lohnen die Mühe der Bearbeitung. Blätter lassen sich, grün gepflückt, gut pressen und trocknen und in vielen Gestecken verarbeiten.
Es heißt immer, Kastanien seien nur etwas für große Gärten; wir haben zwei in unserem Garten, die wir wie Kopfweiden jedes Jahr abschneiden. Die neuen Triebe sind im Frühjahr beim Austrieb wunderbares Vasenmaterial. Durch den Schnitt bleiben die Kastanien so klein, daß sie in dieser Gartenecke auf lange Jahre Platz haben.

Agrostis, Straußgras

Seinen Namen hat es von dem kleinen Sträußchen, daß man zwischen Zeigefinger und Daumen zurückbehält, wenn man eine Rispe hindurchzieht. Die Straußgräser können an Ort und Stelle ausgesät werden. Sicherer ist es aber, sie wie anspruchsvolle Einjahrsblumen vorzukultivieren und dann auszupflanzen. Geeignet zum Schnitt sind *A. nebulosa* (Wolkengras), das vom Juli bis September blüht und etwa 30 cm hoch wird, und *A. gigantea,* auch als *A. alba* gehandelt, das »Fioringras«. Es ist eine Staude und blüht von Juli bis August. Seine eleganten , lockeren Rispen werden bis zu 150 cm hoch. Wir finden es auf Wiesen und an Waldrändern. Zum Trocknen ist es vor dem Ausreifen der Ähren zu schneiden. Einige *Agrostis*-Rispen sollte man im Garten stehen lassen. Sie sehen mit Tau oder Rauhreif überzogen ganz bezaubernd aus. *A. elegans* s. *Aira elegans.*

Aira elegans, Haarschmiele

Wird oft auch als »*Agrostis pulchella*« oder »*Agrostis elegans*« gehandelt. Es ist eine Staude, die wir bei uns jedoch als anspruchslose Einjahrsblume kultivieren. Die lockeren Rispen mit haarförmigen Ästen und winzigen silberweißen Ährchen erscheinen von Mai bis August und werden etwa 30 cm hoch. Zum Trocknen wie alle Gräser rechtzeitig schneiden, da es sonst in Rispe und Samen zerfällt.

Alchemilla mollis, Frauenmantel

Eine robuste Staude mit ornamentalen Blättern. Sie wird 30–50 cm hoch und blüht im Juni in sehr lockeren, hellgelben Blütenständen, die im Aufbau dem Schleierkraut sehr ähneln. Den Frauenmantel in voller Blüte schneiden, dann bleibt der hellgrüngelbe Farbton wunderschön erhalten. Wem unser heimischer Frauenmantel zu groß und zu stark wuchernd ist, kann es mit den zierlicher bleibenden *A. erythropoda, A. alpina* (liebt sauren Boden) und *A. hoppeana* (liebt Kalk) versuchen.

Alisma plantago-aquatica, Froschlöffel

Diese Wasser- und Sumpfstaude blüht von Juli bis September. Die weißen Einzelblütchen stehen in kandelaberartigen, bis 70 cm hohen Doldenrispen. Wenn der Samen ausgefallen ist, dann ist es an der Zeit, diese Blütenstände zu ernten. Wer allerdings am Gartenteich einen Froschlöffelblütenstand mit Rauhreif gesehen hat, dem fällt der Entschluß schwer, sie abzuschneiden. Wo es den Froschlöffeln gut gefällt, säen sie sich sehr reichlich aus und sorgen dann selbst für genügend Schnittmaterial. Die Fruchtstände lassen sich auch gut mit Farbe, Gold oder Silber aus der Sprühdose behandeln.

Allium, Lauch

Unser Schnittlauch hat noble Verwandte, die ausgezeichnetes Trockenblumenmaterial bieten. Für das Trocknen ist entweder der Blüten- oder der Fruchtstand brauchbar. Alle *Allium* sind Stauden und besitzen eine Zwiebel. Im Juni blüht *A. christophii* (Sternkugel-, Raketenlauch), der auch oft als *A. albopilosum* angeboten wird. Der Blütenstand ist eine 15–25 cm große Kugel aus kleinen, amethystfarbenen Blüten. Wenn die Knospen Farbe zeigen, kann man die Blütenkugel mit ihrem 40–60 cm langen Stiel abschneiden und aufrechtstehend im Schatten trocknen. Die Blütchen gehen dann noch voll auf, und für uns bleibt ein violettfarbener Blütenball. Lassen wir diesen Lauch verblü-

hen, so können wir später den Fruchtstand ernten. Er sieht aus wie eine in hunderte von Sternen zerplatzende Feuerwerksrakete. Ähnlich ist *A. karataviense* (Blauzungen-, Karataulauch); er ist nur 20–30 cm hoch und blüht bereits im April bis Mai, paßt gut in den Steingarten. Der 80–150 cm hohe Riesenlauch, *A. giganteum,* blüht im Juli mit einer großen violettrosa Blütenkugel. Weitere Arten: *A. atropurpureum* (Rotkugellauch), mit weinroten Blütenbällen auf 60–70 cm hohen Stengeln im Mai bis Juni, *A. caeruleum* (Sibirischer Lauch), blau, 60 cm hoch, Juni bis Juli, *A. pulchellum* (Fliederlauch), violettrosa, 40 cm, Juli bis August. Interessant ist auch unser Schnittlauch. *A. schoenoprasum,* von dem am Rhein entlang, einem seiner Urstandorte, weiß, rosa und zart lilablau blühende Pflanzen vorkommen. Die Blütenstände halten getrocknet die Farbe gut und riechen ebensowenig wie der folgende Porree nach Lauch.
Auch der Fruchtstand von Porreestangen, *A. porrum,* die den Winter über im Garten sind, kann in Trockengestecken verarbeitet werden. Den Lauchgeruch, der für diese Art typisch ist, nimmt man nur wahr, wenn man die Stengel berührt bzw. verarbeitet.

Alnus, Erle
In den ersten Monaten des Jahres blüht die Erle. Bei allen Arten reifen die Samen in kleinen Zäpfchen, von denen drei bis fünf zusammenstehen. Erlenzweige sind sehr gut für Gestecke zusammen mit Strohblumen geeignet. Erlen sind Bäume feuchter Stellen.

Alopecurus pratensis, Wiesenfuchsschwanz
Heimisches Wiesengras – übrigens eine Staude –, wird 40–100 cm hoch. Die Ährenrispe, der »Fuchsschwanz«, ist über 1 cm dick und bis zu 10 cm lang. Sie muß vor der Reife geschnitten werden, da sie sonst beim Trocknen zerfällt. Der Fuchsschwanz läßt sich gut färben und mit etwas Haarspray vor dem Zerfallen schützen. Läßt man von der Ährenrispe unten nur wenig stehen und schneidet den oberen Teil ab, so kann man auf diesem Stiel gut andere Blüten anbringen.

Alstroemeria, Inkalilie
Alstroemerien bekommen wir blühend fast das ganze Jahr in den Blumengeschäften. Die Blütenstände dieser in Mittel- und Südamerika beheimateten Verwandten der *Amaryllis* trocknen wir mit Kieselgel; die Fruchtstände werden im Herbst geschnitten. Zu empfehlen ist *A. aurantiaca* mit der Sorte 'Orange King'; sie braucht ein geschütztes, warmes Plätzchen mit durchlässigem Untergrund und nicht zu heißer Mittagssonne sowie einfachen Winterschutz (Herbstlaub liegen lassen!). Die Ligtu-Hybriden – das sind meist die in den Blumengeschäften erhältlichen Schnittblumen – eignen sich nicht so gut für unsere Gärten.

Amaranthus caudatus, Fuchsschwanz
Seit dem 16. Jahrhundert werden diese anspruchslosen Einjahrsblumen in unseren Gärten kultiviert. Es sind 60–100 cm hohe kräftige Kräuter. Der Stengel ist reichlich mit langgestielten, elliptischen bis eiförmigen Blättern besetzt. Vom Juli bis zum Herbst erscheinen die überhängenden, oft verzweigten roten Blütenähren. Es gibt auch eine Form mit weißgrü-

nen Blütenständen; eine weitere, rotblättrige Form bringt sich in Staudenrabatten sehr wirkungsvoll zur Geltung. Wo sich der Fuchsschwanz wohlfühlt, wird er sich durch Selbstaussaat vermehren. Bei Aussaat Mitte April an Ort und Stelle blüht er zwölf Wochen später. Geschnitten wird er gerade voll erblüht. Zum Trocknen müssen die Blätter entfernt werden; die Stengel stehen aufrecht in Gefäßen.

Ammobium alatum, Papierknöpfchen oder Sandimmortelle
Eine Staude, die bei uns aber als anspruchsvolle Einjahrsblume mit Vorkultur herangezogen wird, 50–60 cm erreicht und von Juli bis September blüht. Die weißen Blütenköpfchen müssen noch in Knospe geschnitten werden, da beim Aufblühen die weniger schöne gelbbraune Köpfchenmitte sichtbar wird. Beim Samenkauf sollte man darauf achten, die Sorte 'Grandiflorum' mit wesentlich größeren Blüten zu erhalten.

Anaphalis, Perlpfötchen oder Perlkörbchen
Trockenmaterial liefern *A. margaritacea,* die Silberimmortelle, mit ihrer Sorte 'Yedoensis', beide blühen von Juni bis August und werden etwa 50 cm hoch. Weiter *A. triplinervis,* das Perlkörbchen, das 30–45 cm hoch wird und dicht weiß behaartes Laub hat, dazu die sehr früh blühende Sorte 'Sommerschnee' und die sehr spät blühende 'Silberregen'. Alle, außer der Sorte 'Yedoensis', wollen an sonnigen, trockenen, warmen Stellen im Garten stehen. Zum Trocknen werden sie nach dem Aufblühen mit Stengel geschnitten; nach dem Abstreifen der Blätter werden die Stengel gebündelt und aufgehängt. Die weißen Blütenköpfchen stehen immer zu mehreren zusammen und trocknen gut.

Anemone blanda
Diese unserem Buschwindröschen ähnliche Frühlingsanemone hat einen schwarzen, knolligen Wurzelstock, der etwa 5–7 cm tief gelegt wird. Den Winter über bleibt das fahle Laub als Schutz liegen. Von *A. blanda,* die sehr früh blüht (bereits März/April), gibt es die Sorten 'Blue Star', leuchtend blau, 'Charmer', dunkelrosa und 'Rosea',hellrosa. Die Blüte hat, anders als das Buschwindröschen, zahlreiche feine Blütenblätter; sie wird samt den Blättern am Stiel gepreßt und für das Kleben von Blütenbildern benutzt.

Anemone-Japonica-Hybriden, Herbstanemone
Sie werden 60–150 cm hoch und blühen je nach Sorte von August bis Oktober. Ebenso geeignet sind *A. hupehensis* mit Sorten und *A. tomentosa* mit Sorte 'Robustissima'. Die Herbstanemonen können auch als Trockenfruchtstände verwendet werden, wenn man sie früh genug vor dem Ausreifen der Samen schneidet.

Antennaria dioica, Katzenpfötchen
Etwa 10 cm hoch wird diese ausläuferbildende Pflanze. Ihre weißfilzigen Blätter entwickeln sich besonders gut an trockenen Stellen im Garten. Die Blütenköpfchen erscheinen von Mai bis Juli: sie sind weiß, rosa oder rot, grünlichweiß bei der etwa 20 cm hohen *A. plantaginifolia,* der am üppigsten wachsenden, breite Teppiche bildenden Art. Die Blütenköpfchen müssen kurz vor dem Aufblühen geschnitten werden; sonst verblühen sie beim Trocknen und können sogar noch Samen entwickeln.

Anthoxanthum odoratum, Ruchgras
Dieses 30–50 cm hohe, staudige Gras ist auf Wiesen und in Wäldern verbreitet. Die wenig verzweigten, länglichen Ährenrispen erscheinen von Mai bis August. Das Angenehme an diesem Gras ist sein Duft nach frischem Heu oder Waldmeister; bedingt wird er durch den Gehalt an Cumarin. Die federbuschähnlichen Ährenrispen sind bei trockenem, sonnigem Standort meist rosa bis violettrot überlaufen. Kultiviert wird das Ruchgras nicht. Wer Spaß daran hat, findet bei einem Spaziergang soviel er braucht.

Antirrhinum, Löwenmaul
Die hohen Löwenmaulsorten liefern gute Schnittblumen für dicke, bauchige Vasen. Die niederen, teppichartig wachsenden Sorten sind gute Beetpflanzen. Wer im Süden Deutschlands wohnt oder im Norden vor einem milden Winter das Abräumen des Löwenmaulbeetes vergißt, kann feststellen, daß wir eigentlich keine Einjahrsblume, sondern einen kleinen Strauch vor uns haben. Vor manch alter Mauer findet man die Bestätigung: da wächst das Löwenmaul als zierliches Sträuchlein aus Ritzen und Fugen – zur Nachahmung empfohlen. Man kann es direkt ins Freie aussäen, doch empfiehlt sich eine Vorkultur in der Art, wie für anspruchsvollere Einjahrsblumen beschrieben.
Unbedingt sollte man einmal einen Blütenstand, der Früchte angesetzt hat, an der Pflanze lassen, man wird staunen über die interessante Gestalt der aufplatzenden Samenkapseln! Sie machen sich, aus der Sprühdose vergoldet, sehr hübsch in einem Weihnachtsgesteck. Das Löwenmaul sollte Anregung sein, auch bei anderen Sommerblumen versuchsweise einmal einige abgeblühte Stengel stehenzulassen.

Aquilegia, Akelei
Seit dem frühen Mittelalter wird diese Staude in den Gärten angepflanzt. Ihre einfachen, halbgefüllten oder gefüllten Blüten sehen wie vielzipfelige Narrenkappen aus. Die bei uns wild vorkommende, blauviolett blühende Art steht unter Naturschutz. Wir halten uns also an das Gartensortiment, das sich zudem durch größere Blüten und ein reicheres Farbenspiel auszeichnet. Die Blüten sitzen je nach Art und Sorte zu mehreren an 15–100 cm hohen, verzweigten Stengeln und erscheinen von Mai bis Juni. Seit einigen Jahren gibt es von der Firma Benary die F_1-Hybriden von *A. caerulea,* der Olympia-Rasse; das sind sehr wüchsige Pflanzen mit herrlich leuchtenden Blüten an etwa 75 cm hohen Stielen. Ein Versuch lohnt sich.
Für uns sind zwei Dinge an der Akelei wertvoll: die Stengel mit dem Fruchtstand und die Blätter. Die Stengel mit den fünfzipfelig aufplatzenden Samenkapseln erntet man nach dem Aufplatzen. Die Blätter, die sich im Herbst vielfältig bunt färben, sind schlecht zu trocknen. Man preßt sie am besten. Pflanzen gibt es in den Staudengärtnereien zu kaufen. Wollte man sie selbst heranziehen, so müßte man im Herbst aussäen, weil die Samen einen Winter lang bei Frost in der Erde liegen müssen, damit sie keimen. Der Standort kann sonnig oder auch halbschattig sein.

Armeria, Grasnelke
Die mehrjährige Grasnelke kommt an den Meeresküsten oder in trockenen Rasengesellschaften vor. Die Blätter sind schmal, fast grasartig; darüber stehen von Mai bis Juli auf 10–30 cm langen Stielen die rosa Blütenköpfchen. Großblumige Sorten und Arten werden in den Gärten kultiviert. Alle Arten sind Stauden. Besonders geeigne-

te Sorten sind 'Düsseldorfer Stolz' und 'Bees Ruby'. Die Blüten müssen voll erblüht sein; da die Blättchen papierartig sind, trocknen sie gut. Für die meisten verblüffend ähnlich wirken getrocknete Schnittlauchblüten. Also wer keine Armenien hat ...

Artemisia vulgaris, Beifuß
Wächst an Zäunen und Mauern, auf Schutt und unbebauten Stellen und ist ein ausgezeichnetes Gewürz für Schweinebraten. Die großen, breitästigen Rispen werden 60–150 cm hoch. Sie blühen von Juni bis August und werden nach dem Fruchtansatz, aber vor der Reife, geschnitten. In den Staudengärtnereien gibt es Artemisien mit silbergrauem Laub, die man deswegen zu trocknen versuchen sollte, nämlich *A. ludoviciana* 'Silver Queen', 25 cm hoch, und *A. stelleriana*, 40 cm hoch.

Aruncus dioicus, Geißbart
Wer den Urlaub im Gebirge verbringt, hat an schattigen, feuchten Stellen im Wald sicherlich schon diese kräftige Staude angetroffen, die in den Monaten Mai bis Juli die langen, weißen, leicht überhängenden Rispen 100–150 cm hoch erhebt. Uns ist an ihrem Fruchtstand gelegen, den wir noch grün schneiden und zum Trocknen in Gefäße stellen. So bleibt das elegante Überhängen erhalten. Schneiden müssen wir aber in den Gärten, da die wild vorkommenden Pflanzen unter Naturschutz stehen. Pflanzen sind in den Staudengärtnereien zu erhalten.

Asphodeline lutea, Junkerlilie
Eine schöne Staude für Steingarten und Rabatte. Die schmalen, blaugrünen Blätter stehen in grundständigen, großen Rosetten. Die gelben, sternförmigen Blüten sitzen in Trauben an starken, bis zu 80 cm hohen Schäften. Blütezeit ist Mai bis Juni. Die kugeligen, erbsengroßen Samenkapseln werden hart und trocken. Geschnitten werden die Fruchtstände erst nach dem Samenausfall, wobei sich aber die Pflanze selbst durch Ausläufer reichlich vermehrt.

Aspidistra, Schuster- oder Metzgerpalme
Wie auch ihre vielen Namen lauten mögen – sicher ist dies eine der am meisten Schatten vertragenden, geduldigsten, zähesten Zimmerpflanzen. Ihre Blätter lassen sich gut in Glyzerinlösung einstellen und verfärben sich dabei angenehm goldbraun. Man muß nur aufpassen, daß man sie rechtzeitig, wenn sie diesen Farbton erreicht haben, herausnimmt, weil sie sonst zu viel Glyzerin aufnehmen und verderben.

Astilbe, Prachtspiere
Astilben, ausgezeichnete Schnittstauden, gibt es von 15 cm bis zu 150 cm Wuchshöhe. Die verschiedenen Sorten blühen in den Monaten Juni bis August in den Farben Weiß, Creme, Rosa, Rot und Rotviolett. Aus den Blüten der federigen Rispen werden grünliche, sehr kleine Fruchtstände. Diese schneiden wir, solange sie noch grün sind. Später (August bis Oktober) folgt in Lilarosa noch *A. chinensis* 'Pumila', ein hervorragender, niedrigbleibender Bodendecker, mit dichtstehenden Blättern und schmal aufrechten, etwa 25 cm langen Blütenrispen. Die Fruchtstände lassen sich sehr schön vergolden und zu großen, weihnachtlichen Sternen verarbeiten.

Avena sterilis, Grannenhafer
Kennzeichen: kräftige, 50–80 cm hohe Stengel mit sehr großer, überhängender

Rispe; beide Deckspelzen der kleinen Ährchen tragen eine 6–8 cm lange Granne. Als anspruchsloses, einjähriges Gras kann es an Ort und Stelle ausgesät werden. Die von Juli bis August blühenden Halme müssen geschnitten werden, bevor sie reif sind, da sonst die kleinen Ähren zerfallen. *A. sativa* der Feldhafer, unser Getreide, sollten wir für Trockensträuße nicht vergessen.

Begonia, Begonien

Begonien kennen wir als Topfpflanzen, z.B. Elatior- oder Lorraine-Begonien im Zimmer, Knollenbegonien auf dem Balkon oder auf Blumenbeeten, Begonien mit farbenprächtigen Blättern als Topfpflanzen. Sie ähneln so gar nicht dem, was wir uns unter »Trockenblumen« vorstellen – tatsächlich aber eignen sich ihre Blüten sehr gut zum Trocknen mit Kieselgel. Dabei kann es sich sowohl um Einzelblüten handeln, z.B. der 'Fimbriata'-Sorten der Knollenbegonien, wie auch um Blütenstände von anderen Begonien. Die Blätter selbst lassen sich auch gut trocknen und halten meist die Farben so frisch und natürlich, wie wir sie von der Pflanze her kennen. Das ist ein weites Versuchsfeld, gerade auch für den Fensterbrett-Gärtner!

Blätter

Botanisch gesehen, sind die Blätter flächige, grüne Organe, die der Pflanze zur Atmung und zur Assimilation dienen. Sie sind sehr vielgestaltig – man denke nur einmal an Ahornblätter und daneben an die Nadeln des Weihnachtsbaumes. Auf beiden Seiten des Blattes, besonders aber auf der Unterseite, befindet sich eine Reihe von spaltförmigen Öffnungen; diese befähigen die Pflanze zur Atmung und zur gesteuerten Abgabe von Wasser (Transpiration). Blätter, die länger als ein Jahr an der Pflanze verbleiben, sehen meist anders aus als einjährige. Oft besitzen sie besondere Schutzeinrichtungen oder zum Speichern von Wasser geeignete Zellschichten. Dazu kommt meist noch ein Belag aus Wachs oder anderen wasserabstoßenden Stoffen auf der Blattoberfläche. Bei Blättern, die im Herbst abgeworfen werden, finden vorher in der Regel die bekannten Verfärbungen statt. Verantwortlich dafür sind chemische Veränderungen in den Blattzellen. Vor dem Abwerfen der Blätter transportiert die Pflanze verwertbare Stoffe in die Zweige und deponiert Abfallprodukte im Blatt wie in einem für den Müll bestimmten Karton. Dann bildet sich an der Blattstielansatzfläche eine Korkschicht; sie schließt die Leitungsbahnen nach außen ab, wenn der Blattstiel an dieser Stelle abbricht.

Viele Blätter können wir, wie beschrieben, pressen. Immergrüne Blätter, z.B. von *Ilex* (Stechpalme) und *Hedera* (Efeu), sind aufgrund fester Zellschichten so stabil, daß sie beim Trocknen auch ohne Pressen ihre natürliche Form behalten. Auch Blätter, die dicht mit Haaren besetzt sind, so daß sie weiß, weich und wollig aussehen, trocknen wir ohne zu pressen, da sie sonst, plattgedrückt, ihre Schönheit und ihren Reiz für die Verwendung im Trokkenblumengesteck verlieren. Mit Wein-, Ahorn- oder Platanenblättern kann man einen Partytisch recht hübsch dekorieren, sei es, daß man die Butter oder den Käse darauflegt oder sie als kleine Untersetzer für Weingläser u.a. benützt.

Wie man aus Blättern mit dichtem, interessant ausgebildeten Aderwerk feines »Filigran« gewinnt, ist auf Seite 25 beschrieben, wie man Blätter am Zweig konserviert, auf Seite 21 f.

Und nun noch Beispiele für »Blätterlieferanten«: Gehölze mit grünen oder bunten Blättern zum Pressen sind *Acer* (Ahorn), *Aesculus* (Roßkastanie), *Castanea* (Edelkastanie), *Cotoneaster* (Zwergmispel), *Forsythia* (Goldglöckchen), *Mahonia* (Mahonie), *Platanus* (Platane), *Quercus* (Eiche), *Salix* (Weide), *Syringa* (Flieder), *Viburnum* (Schneeball) und *Vitis* (Wein).
Stauden mit interessanten Blättern sind *Bergenia* (Bergenie), *Helleborus* (Christrose), *Paeonia* (Pfingstrose), *Petasites* (Pestwurz).
Besonders schöne Herbstfärbung finden wir bei *Acer* (Ahorn), gelb bis dunkelrot, *Cornus* (Hartriegel), gelb bis purpurrot, *Cotoneaster* (Zwergmispel), alle Schattierungen in Grün, Rot, Gelb, *Cydonia* (Quitte), gelb mit roten Adern, *Liquidambar* (Amberbaum), Rot aller Nuancen, *Quercus* (Amerikanische Eiche), flammend scharlachrot, *Rhododendron* (»Azalee«), gelb, orange bis dunkelrot.
Blätter besonderer Art sind die Nadeln der Koniferen. Diese Nadelblätter werden, vielleicht einmal von einigen *Pinus*-Arten (Kiefern) abgesehen, nicht einzeln verwendet. Man verarbeitet in den Trokkenblumengestecken ganze Zweige, und zwar frisch, weil sie, im Trockengesteck Form und Farbe beibehaltend, dürr und haltbar werden. Brauchbar und viel verwendbar sind als wichtigste: *Chamaecyparis* (Scheinzypresse), *Juniperus* (Wacholder), *Pinus* (Kiefer), *Taxus* (Eibe).
Interessante, silbergrau behaarte Blätter wird man immer nur wenige für die Gestecke zur Verfügung haben. Wir trocknen dieses exquisite Material ohne es zu pressen, und zwar von *Achillea*-Arten (Silberwollige Edelschafgarben), *Stachys olympica* (Eselsohren, Wollziest), *Verbascum*-Arten (Königskerzen).
Grasblätter werden, von Bambusarten abgesehen, nicht einzeln geerntet und getrocknet. Man schneidet von diesen Pflanzen ganze Stengel und trocknet sie in Gefäßen, locker stehend, damit das elegante Überhängen der Blätter auch im trockenen Zustand erhalten bleibt. Gut geht dies bei *Miscanthus* (Chinaschilf) und *Spartina* (Goldbandleistengras).
Bei den Farnen werden die Blätter auch »Wedel« genannt. Weitere Einzelheiten siehe Farne.

Blattgallen

Auf Spaziergängen finden wir oft an Buchenblättern und Eichenblättern Blattgallen, und wir erinnern uns vielleicht, daß Eichengallenäpfel zur Herstellung von Schreibtinte verwendet werden. Blattgallen entstehen durch den Stich von Blattwespen oder durch Milben oder auch durch Pilze und sind so meist die Kinderwiegen zum Schutz der heranwachsenden Maden, Insekten und anderer Tiere. Dazu gehört auch die Rosengalle, wie wir sie mit ihren rot-gelb-grünen, gefransten Auswüchsen an den Heckenrosen finden. Ein weites Feld zum Sammeln von Kugeln bis zu kleinen Schüsselchen an den Rosengallen und auch zum Trocknen mit Kieselgel, ein weites Feld zur Sammlung und Zusammenstellung von Bildern dieser eigenartigen Pflanzengebilde.

Blüten und Blütenstände

Blüten dienen zur Fortpflanzung. Aus ihnen entwickeln sich nach der Bestäubung und Befruchtung die Samen. Das für uns interessante Beiwerk, die meist farbigen Hoch-, Hüll- oder Blütenblätter, dienen nur zur Anlockung der die Bestäubung durchführenden Insekten oder Vögel. Blüten, die sich zum Trocknen eignen, haben

meist papier- oder pergamentartige Hoch, Hüll- oder Blütenblätter. Je fleischiger oder zarter diese farbigen Blütenteile sind, desto weniger taugen sie zum Trocknen, oder desto mehr Hilfsmittel und Umwege müssen benutzt werden, um die Blüten einigermaßen formgetreu in den Trockenblumenzustand zu überführen. Mit dem Kieselgel-Trockenverfahren, beschrieben auf Seite 18, ist in den letzten Jahren ein guter Weg mit viel Erfolgschancen gefunden worden. Etwas einfacher ist das Trocknen, wenn die Blüte halb oder ganz gefüllt ist; denn dank der »Pomponform« fällt dann die Blüte nicht zusammen, sondern bleibt fast völlig erhalten. Noch problemloser sind Blüten, deren Wirkung fast ausschließlich durch Hochblätter zustandekommt, die trotz Färbung noch den gleichen Aufbau wie die Laubblätter – also recht derb – besitzen. Ein Beispiel dafür ist *Eryngium* (Edeldistel). Bei den Gräsern treten die Einzelblüten hinter der Vielzahl, dann Ähre oder auch Rispe genannt, zurück.
Ausgezeichnet verwendbar sind Dolden; das sind schirmförmige Blüten- oder Fruchtstände, deren Einzelstiele alle an einem Punkt entspringen. Die Doldenblütler sind krautige, meist ausdauernde Pflanzen; sie bilden eine eigene Pflanzenfamilie. Dazu gehören *Heracleum* (Bärenklau), *Daucus* (Möhre), *Aegopodium* (Geißfuß), *Carum* (Kümmel), *Anethum* (Dill) und viele andere aus Garten und freier Natur.

Bouteloua gracilis, Moskitogras
Das 30 cm hohe Staudengras blüht von Juli bis August. An den 30–40 cm hohen Stielen stehen die kleinen Ähren waagerecht ab. Sie wirken dadurch wie Bürsten. Das Gras sollte man an vollsonnige Stellen pflanzen, denn es verträgt viel Wärme und Trockenheit. Schnitt vor der Reife der Samen.

Briza, Zittergras oder Herzlgras
Mehrere Arten sind für unsere Zwecke geeignet: *B. media* (Zittergras), ein Staudengras unserer Trockenwiesen, blüht von Mai bis Juni *B. maxima* (Riesenherzelgras), mit doppelt so großen herzförmigen Ährchen, und *B. minor* (Zittergras) sind anspruchslose Einjahrsblumen und blühen von Juni bis Juli. An eine sonnige Stelle gesetzt, wachsen sie in jedem Boden. Die 30–50 cm hohen vielährigen Rispen werden bald nach der Blüte geschnitten und, in Gefäßen stehend, an einem kühlen, schattigen Ort langsam getrocknet. Wer das Zittergras in die Sonne stellt, erhält keine Trockenblumen, sondern Heu.

Bromus, Trespe
Alle uns interessierenden Arten sind anspruchslose Einjahrsblumen, von denen eine, *B. sterilis* (Taube Trespe), bei uns heimisch ist. Wir finden diese herrlich blauviolett überlaufene Pflanze auf trokkenen Äckern, Schuttplätzen und Ödland. Die lockere, weit überhängende Rispe wird 20–60 cm hoch. Die Ährchen sind mitunter bei *B. briziformis* (Trespe) ohne Grannen. Bei dieser Trespe wird die lockere, einseitige, etwas nickende Rispe 30–60 cm hoch. Sie blüht von Juni bis August, also kürzer als *B. sterilis* (Mai bis September). *B. madritensis* (Trespe) besitzt eine 20–60 cm hohe Rispe, deren Ährchen kurze Grannen tragen; Blütezeit von Mai bis Juli. *B. macrostachys* hat große, lockere Ähren und kurze Grannen. Von einer der letzgenannten Arten erhalten wir sicherlich Saatgut und säen sie dann zeitig im Frühjahr direkt an Ort und

Rosen trocknen ohne Hilfsmaßnahmen, sofern sie frisch geschnitten (oder gekauft), nicht zu knospig und nicht zu weit erblüht sind.

Trocknen auch im trockenen Keller (neben dem Heizungsraum etwa): bei zu viel Wärme und zu wenig Luftfeuchte den Boden mit Wasser besprühen, für gute Lüftung sorgen.

Trocknen und Aufbewahren

Lagern in Folie oder in Kartons, die den Vorteil haben, daß man sie stapeln kann. Karton und Folie sollten mit Löchern versehen sein, damit die Ware nicht stickig oder muffig wird.

Hier fand sich als idealer Platz die luftige Stiege zum Dachboden. In bunter Folge hängt, säuberlich gebündelt, Trockengut aus Garten, Feld und Wiese. (Helga Schneider, Mainleus) ▷

Stelle. Zum Trocknen schneidet man die Trespen, sobald sich nach der Blüte die Ährchen voll ausgebildet haben, aber noch nicht reif sind.

Buddleja davidii, Schmetterlingsstrauch oder Sommerflieder

Die voll erblühten, bis 40 cm langen Rispen dieses Halbstrauchs sind Sammelplätze für Schmetterlinge aller Art. Sofort nach dem Erblühen können wir die Rispen schneiden und trocknen. Geeignete Sorten sind 'Cardinal', dunkel purpurrot, 'Ile de France', Rispen dunkelviolett, und 'Royal Red', purpurrot. Wichtig ist im Frühjahr bei diesem Strauch ein kräftiger Rückschnitt, damit die an den neuen Trieben erscheinenden Blütenrispen groß und kräftig werden,z.B. bei 'Cardinal' 50 cm und mehr. Der Schmetterlingsstrauch ist von Juli bis Oktober einer unserer besten Sommerblüher.

Butomus umbellatus, Blumenbinse oder Schwanenblume

Die Blumenbinse – nebenbei: gar keine echte Binse, – ist ein Sumpfbewohner, blüht von Juni bis August und wird 100–150 cm hoch. Die doldigen Fruchtstände werden unreif oder auch reif geerntet.

Buxus sempervirens, Buchsbaum

Der Buchs, als Einfassung für Blumen- und Gemüsebeete in Bauern- und Barockgärten jedermann vertraut und in der Bauform noch in alten Gärten zu finden, ist mit seinen dicht stehenden, runden, immergrünen Blättern ein lohnendes Material für die Konservierung mit der Glyzerinlösung.

Calamagrostis arundinacea, Reitgras

Interessant für uns ist die Sorte 'Purpurea', eine rotbraune Variante des heimischen Rohrreitgrases. Dieses Staudengras wird 60–150 cm hoch, seine 10–20 cm langen, federbuschähnlichen Rispen erscheinen von Juni bis Juli, zur gleichen Zeit wie bei *C. canescens* (Sumpfreitgras), dessen seidenweiche, 10–25 cm lange Rispen purpurn, grünlich oder gelblich getönt sind. *C. epigejos*, das weitverbreitete heimische Reitgras, wird 60–100 cm hoch; es ist *C. arundinacea* sehr ähnlich und ebenso geeignet. In den Staudengärtnereien gibt es *C. × acutiflora* mit der Sorte 'Karl Foerster' (Gartensandrohr), mit etwa 150 cm Höhe. Davon sollte man aber wegen der zauberhaften Wirkung bei Tau und Rauhreif viele Halme stehen lassen. Geschnitten wird bald nach der Blüte, damit die Samen nicht ausfallen.

Calendula, Ringelblume

Als weitverbreitete, altvertraute und gut haltbare Schnittblumen gehören die Ringelblumen in jeden Garten, wo man an sonniger Stelle etwas Platz hat. In milden Wintern bleiben sie sogar erhalten und blühen ab Februar oder März, sobald das Wetter geeignet ist. Es gibt Sorten mit nur einem Kranz Zungenblüten, ebenso aber auch Sorten mit dunkler Mitte oder ganz gefüllt mit Zungenblüten oder einem dikken Röhrenblütenmittelteil zu andersfarbigem Zungenblütenrand. Ringelblumen sät man am besten an Ort und Stelle im zeitigen Frühjahr; man kann sie aber auch in Töpfen vorkultivieren, um während des ganzen Sommers mit den heute im Handel befindlichen niedrigen Sorten schnell Lükken zu füllen. Die Blüten der Ringelblumen sind ausgezeichnet zum Trocknen mit Kieselgel geeignet. Nur 25 cm hoch wird die auf den letzten Gartenbauausstellungen und auch bei Versuchen in vielen Ländern hochprämiierte Sorte 'Fiesta Gitana', eine gefülltblühende Mischung.

Calluna vulgaris, Heidekraut oder Erika
Von unserem wild vorkommenden Heidekraut kann man knospige oder besser voll aufgeblühte Zweige schneiden. Je länger, desto besser, da sie oft sehr elegant gebogen sind. Heidekrauttrockensträuße sollte man nicht in die Sonne stellen, da die Farbe dann sehr schnell ausbleicht. Beim Abschneiden merkt man, daß es sich nicht um eine Staude, sondern um ein kleines Gehölz handelt. Blütezeit Juli bis September. Es gibt eine Reihe von gefülltblühenden Sorten, die sich für unsere Zwecke sehr gut eignen 'H. B. Beale', rosa, 'I. H. Hamilton', lachsrosa, 'Alba plena', weiß. Nicht zu gebrauchen ist ein anderes Heidekraut, *Erica tetralix* (Glockenheide), da die Glocken abfallen. Wenn man Heidekraut im Garten kultiviert, muß die Bodenraktion sauer sein. Um dies zu erreichen, arbeitet man in den Boden Torfmull ein.

Calocephalus brownii
Die Pflanze »mit schönem Kopf« (= calo cephalus) tauchte 1975 auf der Bundesgartenschau Mannheim das erste Mal in einer Beetbepflanzung auf; bei der Bundesgartenschau Bonn 1979 war der kleine Korbblütler aus Australien wieder da. Es handelt sich um einen kleinen, mit dicht am Stengel liegenden, silberweißen Blättchen besetzten Strauch, der, etwa dem Trieb eines Heidekrautes ähnelnd, in der Beetbepflanzung seinen lockeren, duftigen, silberweißen Part spielt. Man kann ihn hier und da schon im Topf kaufen und dann den Sommer über weiterkultivieren. Solange er noch nicht blüht, läßt er sich auch als ganze Pflanze trocknen und gibt dann ein duftiges, silberweißes Gerüst und ein apartes Trockengesteck ab.

Campanula, Glockenblume
Von den Glockenblumen gibt es viele staudige Arten für die Staudenrabatte oder den Steingarten. Aus den mittelalterlichen Gärten schon kennt man *C. medium,* die Marienglocke, mit einfachen und gefüllten Blüten. Sie wird an Ort und Stelle ausgesät und blüht dann im zweiten Jahr, indem sie einen bis 1 m hohen Stengel aus der Blattrosette schiebt, der dicht besetzt ist mit weißen, blauen oder rosaroten großen Glockenblumenblüten. Diese, besonders auch die gefüllte Form, eignen sich gut für die Gel-Trocknung.

Capsicum annuum, Zierpaprika
Eine aus Südamerika stammende anspruchsvolle Einjahrspflanze. Nur in warmen Gegenden kann man sie an einer geschützten Stelle in den Garten pflanzen, sonst sollte sie möglichst unter Dach kultiviert werden. Nach der Blüte reifen die aufrechtstehenden Kapseln je nach Sorte gelb oder rot. Beim Samenkauf sollte man darauf achten, Saatgut von Schnittsorten zu erhalten. Sie werden etwa 1 m hoch, während Topfsorten bereits bei 20–30 cm zu wachsen aufhören. Geerntet wird, wenn die Kapseln voll ausgefärbt sind. Die Blätter werden entfernt.

Carex, Segge
Die sehr schöne, oft mächtige Horste bildenden Seggen sind Schmuckstücke im Garten, deren schlanke, bei manchen Arten wintergrüne Blätter wir gern benutzen, vor allem aber deren Fruchtstände. Den bizarrsten hat wohl *C. grayi* – sieht er

nicht ganz wie ein Morgenstern aus? Der mittelalterlichen Schlagwaffe, nicht einem freundlichen Himmelskörper verdankt er den deutschen Namen »Morgensternsegge«. Die Fruchtstände müssen vor der Reife geschnitten werden und an einem schattigen, kühlen Ort trocknen. Nimmt die 80 cm hoch werdende *C. grayi* mit sumpfigem wie mit trockenem Boden vorlieb, so gedeiht die größte einheimische Segge, *C. pendula* (Riesensegge), so richtig nur an feuchten, etwas schattigen Stellen. Aus den gewaltigen Horsten dieses Staudengrases ragen von Juni/Juli an 60–180 cm lange Stengel heraus. Die braungrünen, bis 10 cm langen, herabhängenden Ähren können bei besonders gutem Standort sogar 20 cm lang werden. Die Morgensternsegge müssen, viele andere Seggenarten können wir im Garten anpflanzen.

Carlina, Eberwurz

Die beiden für uns geeigneten Arten haben nach der Farbe ihrer Blütenköpfe weit ansprechendere Namen: *C. vulgaris* heißt Golddistel, *C. acaulis* Silber- oder Wetterdistel. Beide Arten kommen bei uns wild vor, die Silberdistel steht aber unter Naturschutz. Von Juli bis September blüht die zweijährige Golddistel mit vielen Blütenköpfen an einem verzweigten Stengel. Die goldgelben Kelchblätter zeigen bei schönem Wetter ihre Innenseite und haben der Distel den Namen gegeben. Ebenso ist es bei *C. acaulis,* bei der die Innenseite der Kelchblätter silbrig ist. Die 3–15 cm große Blüte liegt ohne Stengel flach auf der Blattrosette und reagiert besonders stark auf die Veränderungen der Luftfeuchtigkeit. Wenn die Samen reifen, schützen die nach innen geschlagenen Kelchblätter sie vor den Unbilden der Witterung. Bei schönem Wetter, also an Tagen mit geringer Luftfeuchtigkeit, haben die Samen gute Startbedingungen, und die Kelchblätter biegen sich nach außen. Ist das Wetter feucht, das heißt die Luftfeuchtigkeit hoch, wird der Flug der Samen verschoben, und die Kelchblätter falten sich nach innen zu einem schützenden Spitzdach zusammen. Das ist die Erklärung für die Bezeichnung Wetterdistel. Für die Trockenblumenbinderei wird geerntet, wenn die Samen ausgeflogen sind, dann aber vorsichtig, denn *C. vulgaris* sticht. Wenn die Blüte ganz als Trockenblume verwendet werden soll, schneidet man vor dem Aufblühen. An Stelle von *C. acaulis* pflanzt man besser die zu dieser Art gehörende Sorte 'Caulescens', die gleich große, aber auf 20–30 cm langen Stielen sitzende Blüten hat. Man bekommt sie ebenso in der Staudengärtnerei wie *C. acanthifolia;* diese hat strohgelbe, 5 cm große Blüten und auch zum Trocknen geeignete, reizvolle, gelb-dornig bestachelte Blätter.
Alle *Carlina*-Arten lieben kalkhaltigen, warmen Boden, bei dem es nie Staunässe gibt.

**Carpinus betulus,
Hain- oder Weißbuche**

Ein heimisches Gehölz, das sehr gern für sommergrüne Hecken verwendet wird. Als Baum trägt die Hainbuche, wenn sie 30–40 Jahre alt ist, Früchte. Es sind kleine Nüßchen, von denen jedes ein dreizipfeliges Tragblatt besitzt. Die Fruchtstände bestehen aus fünf bis fünfzehn solcher geflügelten Nüßchen. Zweige mit vielen Fruchtständen schneidet man im Juli, da dann beim Trocknen im Schatten Nüßchen bzw. Fruchtstände an den Zweigen hängen bleiben.

Caryopteris × clandonensis, Bartblume
Einer der besten herbstblühenden Halbsträucher. Die lavendelblauen Blüten sitzen in Büscheln in der Blattachsel von 60–100 cm langen Zweigen. Der kugelförmig wachsende Halbstrauch liebt sandigen Boden und volle Sonne. Im Herbst ist der Wurzelbereich in schneearmen Gegenden mit Laub abzudecken. Um kräftige neue Triebe zu erreichen, muß man im Frühjahr auf 10–20 cm über den Boden zurückschneiden. Die voll erblühten Zweige werden geschnitten und die Blätter zum Trocknen entfernt. Geeigneter aber sind die ausgereiften Fruchtstände im Spätherbst. Von *C. incana* gibt es zwei gute Sorten, 'Heavenly Blue' und 'Kew Blue'.

Castanea sativa, Edel- oder Eßkastanie
Die nicht nur während der Blüte sehr dekorative Edelkastanie, die viel zu selten gepflanzt wird, kommt bei uns gebietsweise auch in den Wäldern vor. Wir schneiden die Fruchtzweige Ende Juli/Anfang August und lassen sie im Schatten langsam trocknen. Für die Verarbeitung ist es reizvoll, vereinzelt trockene Blätter an den Zweigen zu belassen. Die Früchte bleiben bis auf wenige, die aufplatzen, geschlossen und behalten einen ansprechenden olivgrünen Farbton.

Catananche caerulea, Rasselblume
Zutreffender müßte sie »Raschelblume« heißen, da die trockenen weißen Blättchen am Blütenboden beim Berühren rascheln. Sie ist eine allerdings nur kurzlebige Staude für trockene, sonnige Stellen; geeigneter ist die Kultur wie bei anspruchsvollen Einjahrsblumen. Bei zeitiger Frühkultur blüht sie bereits im Sommer. Die Blüten sind blau, ähnlich den Kornblumen, und erscheinen von Juli bis September an 60–90 cm langen Stielen. Sobald sie voll erblüht sind, muß geschnitten werden, da sonst ihr Blau ins Graue wechselt. Zum Trocknen werden sie in Büscheln mit dem Köpfchen nach unten an schattiger Stelle aufgehängt.

Celosia, Celosie
Nach der Blütenstandsform teilt man die Sorten in zwei Gruppen ein: 'Cristata', Hahnenkammcelosien, und 'Plumosa', Federbuschcelosien. Beide sind für unsere Zwecke geeignet. Sie gehören zu den anspruchsvollen Einjahrsblumen und sollten nicht vor Ende Mai/Anfang Juni ausgepflanzt werden. Die Hahnenkammcelosie hat ihren Namen von der kammförmigen Verbänderung des Blütenstandes. Früher gab es davon , wie heute noch in England und Frankreich, viele Farbsorten. Bei uns kann man nur noch Saatgut einer niedrigen Prachtmischung kaufen. Die Pflanzen werden etwa 20–30 cm hoch; Farben gelb, weiß, rosa, rot und violett. Einem Federbusch gleicht der Blütenstand der zweiten Gruppe. Zwei niedrige Sorten sind im Handel, 'Feuerfeder', leuchtend rot, und 'Goldfeder', goldgelb. Zum Trocknen schneiden wir die Blütenstände, wenn sie voll erblüht sind, und entfernen die Blätter. Wichtig: kleine Büschel aus wenigen Stielen aufhängen, damit sie ohne Schimmelbildung trocknen.

Centaurea, Flockenblume
Für uns ist *C. jacea* (Wiesenflockenblume) mit den violetten oder purpurfarbenen Korbblüten interessant. Wir finden diese Staude an 30–60 cm langen Stengeln von Juni bis Oktober auf unseren Wiesen. Im Herbst ernten wir die Fruchtstände, nachdem die Samen ausgefallen, besser gesagt,

ausgeflogen sind. Die verbleibenden »Schälchen« bestehen aus dem Blütenboden und den zahlreichen, auf der Innenseite weißsilbrigen Hüllblättchen. Andere *Centaurea*-Arten kennen wir als Sommerblumen, z.B. *C. cyanus* (Kornblume) und *C. scabiosa* (Skabiosenflockenblume), die beide Trockenmaterial liefern. Versuchen sollte man es auch einmal mit der Kaiserkornblume, *C. moschata imperialis.* Ihre großen, duftenden Blüten sind gelb, weiß, blau oder rot und blühen vom Juli bis zum Herbst, eine ausgezeichnete, duftende, frische Schnittblume, die auch gut für die Trocknung und das Experimentieren mit Kieselgel geeignet ist. Aussaat Anfang April an Ort und Stelle in kalkhaltigen Böden an warmer Stelle.

Cimicifuga, Silberkerze
Mannshohe Stauden für frische, humose Böden in schattiger bis halbschattiger Lage, vor dunkellaubigen Gehölzen. Die Blüte, ein Schimmern in Weiß, beginnt mit *C. racemosa,* der Julisilberkerze, und endet mit *C. simplex,* der Oktobersilberkerze. Die einfachen oder kandelaberartig verzweigten Blütenstände liefern, nach dem Samenansatz oder auch der Samenreife geschnitten, ein sehr ausdrucksstarkes, formal wirkendes Material für Trokkengestecke. Pflanzen der zahlreichen Silberkerzenarten und Sorten erhält man beim Gärtner.

Cirsium eriophorum, Wollköpfige Kratzdistel
Wir finden diese zweijährige Pflanze hin und wieder an steinigen, sonnigen Hängen im Jura und in den Alpen. Die meist purpurnen Korbblüten erscheinen von Juli bis August. Das wichtige für uns sind die Knospen, die wir vor dem Aufblühen zum Trocknen schneiden. die Hüllblätter laufen in stachelige Spitzen aus und sind durch wollige Fäden dicht miteinander verwoben. Eine solch stattliche Pflanze in Einzelstellung im Garten ist von außerordentlicher Schönheit. Man kann auch nach der Reife die Samenstände ernten und die Samen auszupfen. Als Knospen geschnitten, erhalten wir nach dem Trocknen vollerblühte Blütenköpfe. Blätter sollten noch frisch entfernt werden, da sie in trockenem Zustand noch stacheliger sind als vorher. Manche andere dickköpfige Distel eignet sich in gleicher Weise und ist einen Versuch wert.

Clematis, großblumige Hybriden
Am bekanntesten sind die Jackmanii-Hybriden, die im Frühsommer allenthalben Hauseingänge und Torbögen mit ihrem dunkelblauen Flor überschütten. Dabei gibt es eine Menge Sorten in zartem Lilablau, Weiß, Rot, Karminrosa, einfarbig oder mit dunkleren Mittelstreifen auf den Blütenblättern. Über und über blühend, bringen sie von Frühjahr bis Herbst Farbe in den Garten – wenn man die richtigen Sorten aussucht und ihnen den richtigen Standort zuweist: kühler, locker-luftiger Fuß im Wurzelbereich, dazu Sonne um die Triebe, Knospen und Blüten. Die in so vielen Farben und Formen vorhandenen Blütenblätter kann man gut pressen und zum Kleben von Blüten verwenden; das gilt auch für die *Clematis*-Wildarten. Außer den Blütenblättern sind für uns auch die graziösen Ranken wertvoll.

Clematis vitalba, Waldrebe
Die kalkhaltigen Boden liebende heimische Waldrebe klettert bis 10 m und höher – eine Wuchskraft wie eine tropische Liane! Ihre schwach duftenden, weißen, etwa

2 cm großen Blüten erscheinen von Juli bis September. Wenn sich dann die federartigen, für herbstliche Gestecke wie geschaffene Fruchtstände gut ausgebildet haben, werden ganze Zweige mit Ranken geschnitten – zauberhafte Girlanden mit duftigen, weißlichen Flaumfederbüscheln! Stellt man sie in Glyzerinlösung, dann bleiben sie längere Zeit frisch und wirken noch natürlicher. Die Früchte aus den Fruchtbüscheln mit dem so stark ausgewachsenen und fast verzweigt wirkenden Griffel können auch einzeln für kleine Klebearbeiten mit getrockneten Pflanzenteilen gute Dienste leisten. Als Ranken ohne Früchte eignen sich auch Zweige der Gartenclematis.

Cobaea scandens, Glockenrebe
Eine empfindliche Sommerblume, die eine Vorkultur braucht, sie läßt sich jedoch auf dem Fensterbrett heranziehen und lohnt die Mühe im Sommer bis Spätsommer und Herbst mit einer Fülle von großen, grün erblühenden Glocken, die sich während der Blütezeit zu einem tiefdunklen Blau verfärben. Manchmal hat man das Glück, daß Nachtschwärmer die in der Glockenrebenheimat bestäubenden Kolibris ersetzen; dann bilden sich große Früchte, die wir vor dem Frost ernten müssen. Getrocknet und warm gelagert, platzen sie auf und präsentieren sich als Schmuckmaterial. Ist dieser besondere Glücksfall nicht eingetreten, bleiben uns nach dem Abfallen der dunkelblauen Glocken die Kelchhüllen als reizvolles Trockenmaterial.

Coix lacryma-jobi, Hiobsträne
Ein einjähriges, 30–150 cm hohes Gras, das im April an einem sonnigen, sandigen Standort ausgesät wird, wobei Vorkultur eine reichere Samenernte sichert. Es hat breite, bandartige Blätter und muß im Sommer gut gegossen werden. Im August erscheinen in den Blattachseln der Stengel verzweigte Ähren. Die einer Träne ähnelnden graugrünen »Früchte« haben in der Mitte ein Loch; sie können deshalb mühelos zu Ketten und Armbändern aufgefädelt werden. Früher wurden daraus sogar Rosenkränze hergestellt. Wegen dieser eigenartigen Samen ist die Hiobsträne bereits seit dem 16. Jahrhundert bei uns in gärtnerischer Kultur.

Cortaderia selloana, Pampasgras
Diese Staude ist ein 2–3 m hohes Gras der südamerikanischen Pampas. Dort wächst sie an feuchten Stellen: bei uns steht sie jedoch besser trocken, wenn auch mit reichlicher Sommerbewässerung. Zum Winterschutz wird ihr Blattschopf oben zusammengebunden, mit Laub locker eingeschüttet und oben mit einem kegeligen Dach aus Fichtenzweigen abgedeckt. Die silberweißen oder rosa überlaufenen federartigen Blütenstände (Rispen) sind 40–60 cm lang. Übrigens, wer nur einen kleinen Garten hat, braucht auf ein Pampasgras nicht zu verzichten; es gibt jetzt eine Sorte 'Pumila', die nur etwa 1 m hoch wird. Zum Schnitt – Handschuhe und eine alte Jacke anziehen, denn die Blattkanten können wie scharfe Messer schneiden! – eignen sich besonders gut die weiblichen Rispen, die voller, weißer und dauerhafter sind. Die möglichst lang geschnittenen Stiele sollte man erst zwei bis drei Tage in voller Sonne und dann im Schatten trocknen.

Corylus avellana, Haselnuß
Die Haselnuß kennt jeder. Bekannt sind auch die Lambertnüsse, *(C. maxima)*, bei

denen die Hülle aus dem Kelch sehr hochgezogen ist und die manchmal zu interessanten Büscheln zusammenstehen; vor dem Ausfallen der Nüsse müssen sie zum Trocknen aufgehängt werden. Manche Haselnußsorten, die sogenannten Bluthaseln, haben dunkelrote Blätter, die in allen Schattierungen zwischen Dunkelrot und Grün für uns geeignetes Trockenmaterial geben.
Interessant als kleiner Baum ist *C. colurna*, die Baumhasel. Bei ihr stehen oft 15–20 Früchte zusammen in einem dicken Ball; die grünen, blattartigen Gebilde sind stark geschlitzt. Vergoldet geben sie einen ausgezeichneten und sehr eigenen Christbaumschmuck ab. Die Baumhasel ist übrigens ein schöner Baum auch für kleine Gärten, zumal er ohne die lästigen Austriebe auskommt.

Cotinus coggygria, Perückenstrauch
Ein langsam wachsender Strauch für kalkhaltige Böden an warmen und heißen Stellen. Der Fruchtstand sieht ähnlich aus wie bei der Waldrebe. Besonders schön ist die Sorte 'Rubra', die dunkel-, fast violettrot gefärbtes Laub besitzt, auf dem dann die silberweißen Fruchtstände wie eine dichte Perücke sitzen. Mit Glyzerin behandelte Zweige halten sich eine ganze Zeit lang in der Vase.

Crataegus, Weißdorn
Die Zweige mit den Mehlbeeren lassen sich gut in einer Glyzerin-Wasser-Lösung konservieren (Verfahren s. Seite 21). Dazu schneidet man, wenn die Beeren Farbe zu zeigen beginnen, nicht zu große, eigenwillig gewachsene Zweige vom Strauch. Nachdem der Zweig etwa eine Woche lang in der Flüssigkeit gestanden hat, zupft man die Blätter ab. Dank dem Glyzerin-Wasser-Gemisch bleiben die Beeren prall und leuchtend rot. (S. auch Vorwort.)

Cucurbita ficifolia, Feigenblättriger Kürbis
Bei den Gärtnern werden Gurken *(Cucumis sativus)* im Gewächshaus gezogen. Da sie auf ihren eigenen Wurzeln stehen und sehr empflindlich gegen Pilzkrankheiten sind, wurden sie viele Jahre lang auf den feigenblättrigen Kürbis *(C. ficifolia)* veredelt, einem kräftigen, robusten Wachser für den Garten, wo man ihn in Bäumen, an einer Pergola oder in Sträuchern hochklettern läßt. Er besitzt große Blätter, ähnlich den Feigen; seine Früchte sind bis fußballgroß, weiß, dunkelgrün gestreift und außerordentlich haltbar. Sein helles, weißes, saftiges Fleisch sollte man ruhig einmal kosten; mit etwas Glück schmeckt es weder herb noch bitterlich. Bei uns haben die Früchte vom feigenblättrigen Kürbis zwei Jahre lang gehalten, ohne daß sie auch nur im geringsten schrumpelig wurden. Man kann die Pflanze wie einen Flaschenkürbis vorkultivieren oder direkt an Ort und Stelle Mitte Mai die Körner in die Erde legen.

Curcurbita pepo 'Ovifera', Zierkürbis
Ein kleinfrüchtiger Verwandter unseres Speisekürbisses liefert farben- und formschönen Tischschmuck für die Wintermonate. Vorkultur wie für anspruchsvolle Einjahrsblumen beschrieben. Gepflanzt werden die Zierkürbisse Anfang Juni an ein zu berankendes Gitter oder an eine Mauer, über die sie hinabhängen können. Wer Spaß daran hat, kann eimal messen, wieviele Zentimeter eine Zierkürbisranke pro Tag wächst. Ab August/September

können wir ernten. Voraussetzung dafür ist, daß die Früchte gut ausgefärbt sind. Es gibt viele Sorten, deren Früchte weiß, rot und grün, in Streifen, Flecken oder einheitlich gefärbt sind. Von der Form her unterscheidet man Apfelsinen-, Apfel-, Birnen-, Eier-, Löffel-, Turban- und Warzenkürbisse. Zur Konservierung sollte man die Früchte etwas einwachsen; sie bleiben länger glatt und frischfarben. Aus solchen Früchten kann man dann den Samen für die nächstjährige Aussaat entnehmen. Der Zierkürbissamen sollte, wenn man ihn aus einer Frucht schon zeitiger herausholt, nie gewaschen werden, da die schleimige, um die Samen sitzende Masse die Keimkraft mit bewahren hilft. Gewaschene Samen sind meist hinterher nicht mehr keimfähig.

Cynara scolymus, Artischocke

Die Blüten dieser Staude liefern nicht nur eine Delikatesse und den Ausgangsstoff für einen Magenbitter, sie sind auch frisch geschnitten und in trockenem Zustand eine Zierde. Aus der Fülle der distelartigen, großen Blätter erscheinen im August bis Oktober bis 150 cm hohe, verzweigte Blütenstände mit morgensternartigen, großen Knospen, deren Hüllblätter in dornartige Spitzen auslaufen. Wenn wir sie kurz vor dem Aufblühen schneiden, reicht meistens der im Stengel enthaltene Saft aus, um die Knospen noch während des Trocknens voll erblühen zu lassen. Sind die Blüten bereits voll offen, können wir sie als dauerhaften Schmuck in die Vase stellen. *C. cardunculus,* der Cardy, den es in Samentütchen überall zu kaufen gibt, wird meist nur einjährig gezogen, um die dickrippigen, durch Papierwickel gebleichten Blattstiele im Herbst ähnlich Spargel zu verzehren. Für uns sind die auf dem etwa 2 m hohen, verzweigten Stiel erscheinenden Blüten – kleine Ausgaben der Eßartischocke – viel interessanter. Die Kelchblätter außen sind meist dunkelrot überlaufen, und die Blüten öffnen sich ebenso gut. Bei uns stehen sie zu unserer Freude seit Jahren auf dem Staudenbeet. Dabei hat sich gezeigt, daß diese Art härter zu sein scheint als die Eßartischocke. In schneearmen Gegenden sollten wir die Pflanzen im Herbst mit Laub zudecken. Kräftige Düngung und reichliches Wässern im Sommer sind Voraussetzung für große und viele Blüten. Wer keinen Garten zum Pflanzen von Artischocken hat, kann auch gekaufte mit den langen Stengeln auf der Heizung trocknen und dann die Kelch- und Blütenblätter einzeln auffalten und auf diese Weise »mechanisch« erblühen lassen. Eine Glyzerin-Behandlung ganzer Blütenstände der Artischokkenarten ist einen Versuch wert. Bei uns ist es nicht regelmäßig gut geglückt, aber wir probieren es immer wieder.

Cyperus, Zypergras

Zur Gattung dieser Staudengräser gehört *C. papyrus,* die Papyrusstaude aus Ägypten. Aber auch bei uns wachsen einige Arten, meist mit dreikantigem Stengel, auf feuchten, sauren Wiesen wild. Von Mai bis Okober blüht auf Fluß- und Sumpfwiesen das lange Zypergras, *C. longus.* Auf 80–120 cm hohen Stielen stehen mehrere rotbraune Ährchen. Sie wachsen aus einer Spirre mehrerer, bis 20 cm langer Blätter. Zum Trocknen muß man zeitig genug schneiden, damit die Ährchen nicht ausreifen und abfallen. Diese dekorative Staude wächst auch willig auf trockenem Boden, wuchert aber durch Ausläuferbildung.

Cytisus × praecox, Elfenbeinginster
Dieser von April bis Mai überreich blühende, 2–3 m hohe Strauch wird leider nur allzuoft von Kaninchen und Hasen abgefressen. Voll erblühte Zweige lassen sich gut für die Vase schneiden und auch trocknen. Es gibt mehrere Sorten, so 'Hollandia', purpurrosa, 'Zitronenregen', gelb. Die Stammart *C. × praecox* blüht cremefarben. *C. scoparius* (Besenginster) ist bei uns weit verbreitet. Seine Zweige behalten, im Schatten getrocknet, die grüne Farbe. In der Naturform oder vor dem Trocknen gebogen, sind sie gut verwendbar.

Dactylis glomerata, Knäuelgras
Wenn im Rasen flache, nicht vom Rasenmäher zu erfassende Horste aus breiten, hellgrünen Trieben liegen, so ärgere man sich nicht zu sehr; man muß das Knäuelgras zwar aus dem schönen Rasen entfernen, aber wo es aufblüht, gibt es uns brauchbares Trockenmaterial. Die Halme müssen wie bei anderen Gräsern vor der Reife geschnitten werden, damit sie nicht völlig beim Trocknen ausreifen und in ihre Einzelfrüchtchen zerfallen. Wer ein Gras mit weißbunten Blättern in seiner Rabatte braucht, kann die weißgebänderte Sorte 'Variegata' dazu benutzen und hat dann gleich die geeigneten Halme für seinen Trockenblumengräserstrauß.

Datura stramonium, Stechapfel
Im Hausgarten sollte man den Stechapfel nicht pflanzen, da er sehr giftig ist. Im Spätherbst können wir jedoch an Schuttplätzen und Kahlschlägen im Wald die Stengel mit den noch daran haftenden aufgeplatzten Samenkapseln sammeln. Die Kapselaußenseite ist dicht bestachelt und erhält dadurch ein ungewöhnliches Aussehen. Für Trockenblumenfreunde also eine wertvolle Eigenschaft. Dieser Stechapfel ist eine Einjahrespflanze. Sie wird 30–120 cm hoch und blüht weiß, mit blauviolettem Hauch, von Juni bis Oktober. Die Stechäpfel oder Engelstrompeten, die wir als Kübelpflanzen erhalten, bringen uns keine solche Kapselfrüchte, auch nicht die anderen Arten wie *D. metel* oder *D. innoxia (D. meteloides)*. Die Wurzeln der letzten Art kann man wie Dahlienknollen überwintern.

Daucus carota, Wilde Möhre
Sie blüht von Mai bis Juli, wird 50–80 cm hoch und wächst an Äckern, Wegen und Wiesenrändern. Erkennen kann man den Blütenstand der wilden Möhre daran, daß in der Mitte zwischen all den weißen Blüten eine dunkel purpurrote, einzelne Blüte steht. Geschnitten wird der grüne Fruchtstand sofort nach dem Fruchtansatz. Wenn die Samen abgefallen sind, können wir trotzdem noch die Fruchtstände ernten. Es sind Sterne, die sich gut zum Vergolden, Versilbern oder Einfärben eignen.

Delphinium, Rittersporn
Unsere bis 2 m hohen Sorten des Staudenrittersporns gehören zu den unentbehrlichen Gartenpflanzen. Sie blühen von Juni bis September weiß, violett und blau in allen Schattierungen. Im Garten schneidet man die Stengel sofort beim Verblühen ab und düngt noch einmal kräftig, um eine zweite Blüte im Herbst zu erzielen. Wer für die Trockensträuße vielfältig verwendbare Fruchtstände erlangen möchte, sollte auch beim Rittersporn einige Stengel stehen lassen. Sogar die Blütenkerzen kann man schneiden, wenn die oberen Blüten erblüht sind, und sie trocknen. Besonders dazu geeignet sind Sorten der Belladonna-

Gruppe, z. B. 'Völkerfrieden'. Daneben gibt es auch noch einjährigen Rittersporn, so *D. ajacis,* ein Hyazinthenrittersporn. Er kann als anspruchslose Einjahrsblume an Ort und Stelle ausgesät werden und blüht mit 30–40 cm langer Blütentraube von Juni bis September blau, rosa oder weiß. Beim Samenkauf sollte man hyazinthenblütige Farbsorten oder Mischungen verlangen. Geschnitten werden die voll erblühten Rispen. Sie werden in Gefäßen stehend getrocknet. Dies sollte an schattigen warmen Stellen mit viel Luftbewegung geschehen.

Digitalis purpurea, Roter Fingerhut
Eine meist zweijährige Pflanze, die erst im zweiten Jahr aus der Blattrosette ihren großen, bis zu 2 m hohen Blütenstengel schiebt. Die hellpurpurnen, glockig-röhrigen Blüten werden 5 cm groß und erscheinen ab Juni in einer langen, einseitswendigen Blütentraube. Der Rote Fingerhut ist giftig. Es gibt Sorten, die als Sommerblumen mit ausgesät werden können. Alle – auch die anderen, z. B. gelb blühenden Arten, wie *D. ferruginea* oder *D. grandiflora* – sind hervorragend zur Trockenblumenverarbeitung geeignet. Wir schneiden die Fruchtstände nach der Blüte, wenn sich die Samenkapseln ausgebildet haben.

Digitaria sanguinalis, Blutfingerhirse
Ein häufig vorkommendes Unkraut warmer Sandböden, das sich als Einjahrspflanze schnell ausbreitet. Blüte von Juni bis Oktober. Interessant sind die Halme mit drei bis sechs am oberen Ende zusammenstehenden Ähren. Stengel und Ähren sind meist dunkelrot gefärbt. Schneiden müssen wir vor der Samenreife, da die Ähren sonst zerfallen. Etwas Haarspray kann auch hier helfen.

Dipsacus, Karde
Angebaut wurde früher *D. sativus,* die Weberkarde. Sie hat ihren Namen nach der Verwendung: mit den hakigen, starren Hüllblättern der walzenförmigen Blütenköpfchen wurden früher Wollstoffe aufgerauht. Zwei wildwachsende Arten, *D. sylvestris* (Wilde Karde) und *D. laciniatus* (Gelappte Karde), sind recht häufig. Von eigenartiger Schönheit sind die walzenförmigen Blütenköpfe der Weberkarde, die von langen, schmalen, stacheligen Hüllblättern überragt werden. Geschnitten werden die Karden, nachdem sie ausgereift sind und braun werden. Für große Bodenvasen sollte man einige ganze Pflanzen schneiden und trocknen. Man kann sie gut färben, versilbern und vergolden.

Echinacea purpurea, Purpursonnenhut
Diese prächtige, straff aufrecht wachsende Staude blüht von Juli bis September. Die Blütenköpfe stehen einzeln am Ende der Stengel. Die Röhrenblüten bilden einen schwarzbraunen, großen Kegel als Blütenmitte. Die Zungenblüten am Rande sind je nach Sorte rosa bis dunkel purpurrot und hängen herab. Zur Verwendung als Trockenmaterial schneiden wir die voll erblühten Stiele und zupfen die Zungenblüten aus. Diese Staudenart wird sehr oft unter dem Namen *»Rudbeckia purpurea« verkauft.*

Echinops ritro, Kugeldistel
1–2 m hoch werden die Stiele dieser distelartigen Staude. Die Stengel tragen unterseits silbergraue Blätter und am Ende 4–8 cm große, blau bis weiß blühende kugelige Blütenstände. Die von Juli bis August blühende Pflanze ist anspruchslos und besonders für trockene Lagen geeignet. In den Gärten wird meist

E. ritro mit seinen Sorten kultiviert, von denen 'Veitchs Blue' besonders zum Schnitt für Trockenblumen geeignet ist. Geschnitten wird vor dem Aufblühen der Einzelblütchen. Verwendbar ist auch die nach dem Abblühen oder durch Auszupfen der Einzelblüten erhaltene silbriggrüne Kugel. Das unterseits silberfarbene Laub kann man ebenfalls mittrocknen. Verwildert ist bei uns *E. sphaerocephalus* (Blaue Kugeldistel), eine wertvolle Bienenfutterpflanze, die ebenfalls für unsere Zwecke benutzt werden kann.

Epilobium angustifolium, Weidenröschen

Diese 60–180 cm hohe Staude blüht von Juni bis August auf Kahlschlägen, Heideflächen und sogar Schuttplätzen. Sie hat weidenähnliche, schmale, blaugrüne Blätter und eine Vielzahl von purpurroten Blüten in einer langen Traube. Als Schnittblume ist dieses Weidenröschen – und auch andere Arten – nicht geeignet, da es abgeschnitten leider sofort welkt. Für uns wichtig sind alle Weidenröschen nach dem Verblühen, wenn ihre langen, dünnen, dem Stengel locker anliegenden Kapseln aufplatzen und dabei die silberweißen, federig behaarten Samen entlassen. Dabei krümmen sich die Kapselmittelwände und die geplatzten Außenwände, so daß der Fruchtstand ein bizarres, filigranartiges Aussehen erhält.

Eremurus stenophyllus (E. bungei), Steppenkerze oder Kleopatranadel

Dieses Liliengewächs ist eine Staude mit einer Zwiebel und dickfleischigen, sternartig von der Zwiebel ausgehenden Wurzeln. Man muß sie als Schutz vor stauender Nässe in durchlässigen Boden pflanzen und in schneearmen Gegenden im Winter mit Laub abdecken. Sie blüht in den Monaten Juni bis Juli und liefert etwa 8 Wochen später die uns interessierenden Fruchtstände von etwa 1–2 m Länge. Schneiden beim Gelbwerden der Samenkapseln. Ähnlich geeignet, auch für den Schnitt in die Vase, sind die Shelford-Hybriden und auch andere *Eremurus*-Arten. Sie blühen weiß, gelb oder orange.

Eriophorum, Wollgras

Mehrere Arten kommen bei uns als Sumpf- oder Moorstauden vor. Sie blühen von April bis Juni und werden 20–70 cm hoch. Die Blütenähren stehen hier zu mehreren, wie bei *E. angustifolium* (Schmalblättriges Wollgras) und *E. latifolium* (Breitblättriges Wollgras), oder einzeln wie bei *E. vaginatum* (Scheidewollgras) wie dicke Watteflocken an den Stengeln. Sofort nach dem Erblühen ist für das Trocknen zu schneiden, da sonst die Samen reifen und die kleinen silbernen Staubwedel zerfallen. Wer übrigens ein Stückchen Moor an einer schattigen Stelle seines Gartens in einem eingesenkten alten Waschkessel anlegt, für den ist das Wollgras – in Staudengärtnereien erhältlich – sehr gut geeignet.

Eryngium, Edeldistel oder Mannstreu

Distelartige, 50–100 cm hohe Stauden trockener Flächen oder Küsten. Zwei bei uns vorkommende Wildarten, *E. alpinum* (Alpendistel) und *E. maritimum* (Stranddistel), stehen unter Naturschutz. Von *E. alpinum* gibt es mehrere in den Staudengärtnereien kultivierte Sorten; zwei davon sind wegen der Färbung ihrer feinzerteilten Hochblätter zum Schnitt besonders geeignet, 'Amethyst', violett, und 'Opal', silberlila. Das wildwachsende *E. campe-*

stre (Feldmannstreu) besitzt eine Vielzahl kleiner, fast kugeliger Blütenköpfchen an einem sparrig verästelten Stengel. Die Hochblätter sind schmal, dornig gezähnt und überragen die Blütenköpfchen. Wer sich in der Staudengärtnerei Pflanzen besorgt, sollte auch die Sorten von *E.* × *zabelii* (Mannstreu) verlangen, und zwar 'Juwel' (Blütenköpfe und schwach geschlitzte, dornige Hochblätter, tief stahlblau) und 'Violetta' (Blütenkopf und Hochblätter rötlichviolett). *E. planum* (Flachblättriger Mannstreu) ähnelt *E. amethystinum* (Mannstreu). Beide Arten haben am Ende doldentraubig verästelte Stengel mit eiförmigen Blütenköpfchen. Hochblätter und Blütenköpfchen sind in der Blütezeit von Juni bis August intensiv blau überlaufen. *E. giganteum* (Elfenbeindistel) ist eine zweijährige Eryngium-Art. Sie wird etwa 1 m hoch und blüht Juli bis August. Der kandelaberartig verzweigte Stengel trägt zylindrische Blütenköpfe mit weißlichgrauen Hochblättern. Diese Art wird im Großen für die Trockenblumenverwendung angebaut. Reizvoll ist auch das bis 40 cm hoch werdende *E. bourgatii*, dessen stark zerteilte Blätter weiß geadert sind und bis hoch in den Blütenstand hinein reichen. Geschnitten werden die *Eryngium*-Arten, wenn die Farbe der Hochblätter voll ausgebildet ist.

Eucalyptus

Der Name »Eucalyptus« ist von Bonbons, die man bei Erkältung lutscht, recht gut bekannt. Von den rund 30 Arten kann man *E. globulus* ähnlich einer empfindlichen Sommerblume vorkultivieren und dann auspflanzen oder als Kübelpflanze wachsen lassen. Während der Wintermonate und im Frühjahr kommen zu uns viele abgeschnittenen Eucalyptus-Zweige, besonders von *E. populus* und *E. cinerea*. Sie sind mit ihren interessanten Blattformen und blaugrünen Blättern ein interessantes Bindegrün der Floristen. Manche Zweige besitzen auch Blüten, die wie feste Kapseln aussehen und bei denen dann beim Aufblühen der Deckel abspringt. Sowohl die Laubzweige wie auch die Blütenzweige eignen sich für die Glyzerin-Behandlung und helfen uns, diese Zweige dann länger frisch zu halten.

Euonymus, Spindelstrauch oder Pfaffenhütchen

Neben dem einheimischen Pfaffenhütchen – unter Naturschutz! – wird eine Vielzahl von ausländischen Arten in den Gärten kultiviert. Man kann die Sträucher oder kleinen Bäume einzeln stellen oder als Unterholz verwenden. Bei dem Gartenstrauch *E. sachalinensis* erscheinen die leuchtend scharlachroten Früchte bereits sehr früh im September. Sie sitzen zu mehreren an langen Stielen. Der rote Samenmantel (Arillus) umgibt den schwarzen Kern. Die leuchtend karminrote Herbstfärbung macht auch das Laub für uns zum Pressen und Trocknen interessant. Das geflügelte Pfaffenhütchen *E. alatus* ist ein sparrig wachsender Strauch, an dessen Zweigen flügelartige Korkleisten sitzen. Diese bizarren Zweige passen gut zu anderem Trockenblumenmaterial.

Fagus sylvatica, Rotbuche

Jeder kennt den 30–40 m hohen Baum, der in manchen Landesteilen ganze Wälder bildet. Das Laub läßt sich, sobald es im Juli voll ausgereift ist, gut konservieren; das gilt auch für Zweige mit noch unreifen Früchten (Verfahren s. Seite 21). Zum Konservieren lassen sich genausogut Zweige der Blutbuche verwenden. Das sind rotblättrige Sorten der Stammart, z. B. 'Atropunicea' oder 'Swat Magret'.

Farne
Farne sind Stauden, deren Blätter ausgereift sehr gut zum Pressen geeignet sind. Da sie ebenso in den Gärten wie auch wild vorkommen, bieten sie uns reichlich Material. Die Blätter bestehen meistens aus einer Mittelrippe und einer Blattfläche, die wenig, einfach oder mehrfach in seitlich stehende Fieder oder Fiederblättchen aufgelöst ist. Zum Pressen müssen die Blätter gut ausgereift sein. Zwei bei uns wild vorkommende Arten stehen unter Naturschutz; wir können sie aber in der Staudengärtnerei kaufen: *Phyllitis scolopendrium* (Hirschzunge) und *Osmunda regalis* (Königsfarn). Geeignete Blätter liefern z. B. *Polystichum setiferum* (Stacheliger Schildfarn), *P. lonchitis* (Lanzenfarn), *P. aculeatum* (Lappenschildfarn), *Blechnum spicant* (Rippenfarn), *Pteridium aquilinum* (Adlerfarn) usw. Mit Farnblättern läßt sich beim Trocknen gut experimentieren. Manche, so der Adlerfarn, können auch in einem Gefäß stehend getrocknet werden. Je nach Alter und Größe des Wedels entstehen dann vielfältig in sich gedrehte Knäuel und Wirbel aus den Blattspreiten und Blattstielen.

Ficus, Feige
Wer keine Echte Feige *(F. carica)* als Kübelpflanze hat, kann sich die schön gebuchteten, großen handförmigen Feigenblätter aus dem Urlaub in den Mittelmeerländern mitbringen. Man kann sie gut pressen und später für Trockenblumengestecke verwenden. Eine andere *Ficus*-Art, unser Gummibaum aus den Wohnzimmern, *F. elastica,* und seine Sorten, haben die für die Herstellung von Blattskeletten (Verfahren siehe Seite 25) geeigneten Blätter.

Filipendula, Mädesüß
Mehrere Arten dieser Staude sind für uns geeignet. Im Garten werden *F. vulgaris (F. hexapetala)* und *F. purpurea* (Purpurspierstrauch) kultiviert, während *F. ulmaria* (Echtes Mädesüß) an feuchten Stellen wildwachsend zu finden ist. Zum Trocknen sind die 50–200 cm hohen Fruchtstände gut geeignet. Sie müssen geschnitten werden, wenn sie noch grün sind. Sie eignen sich auch zum Einstellen in Glyzerin-Lösung, um dadurch haltbar zu werden. *F. vulgaris* wird an trockeneren Stellen meist nur 30–80 cm hoch.

Flechten
Flechten sind Symbiosen von Algen und Pilzen. Alge und Pilz leben in diesem Fall zu beiderseitigem Nutzen eng in einem Verband zusammen. Sie vermögen ganz auszutrocknen und bei Befeuchtung sofort wieder weiterzuleben. Manche Flechten können sogar mit selbsterzeugten Säuren die Steine auflösen, auf denen sie wachsen, und so Nährstoffe gewinnen. Bei diesen Arten ist das Wachstum sehr langsam; oft erreicht es nur einen Millimeter in vielen Jahren.
Für die Verarbeitung mit Trockenblumen sind Flechten interessant, die an Zweigen sitzen, wie wir sie in feuchten Fichten- und Kiefernwäldern häufig finden, z. B. *Usnea hirta* (Grauflechte) oder *U. barbata* (Bartflechte), die bis zu Meterlänge erreicht. Eine bestimmte Flechte, *Cladonia rangifera* (Rentiermoos), wird unter dem Namen »Islandmoos« in großen Mengen zu Trockenkränzen verarbeitet. Das eigentliche Islandmoos *(Cetraria islandica)* kommt in 5–10 cm langen Flocken auf

trockenen Wald- und Heideböden bei uns vor.
Dem Sammeln bei einem Spaziergang sind keine Grenzen gesetzt, denn die Zahl der Flechtenarten geht in die Tausende. Übrigens sind Flechten wegen ihrer großen Farbigkeit ein sehr reizvolles Fotomotiv. Flechten sind auf Zeitungspapier locker ausgebreitet zu trocknen.

Fruchtstände und Früchte

Als »Fruchtstand« bezeichnet man den Blütenstand nach Ausbildung der Früchte. Diese Pflanzenteile spielen in der Trokkenbinderei eine bedeutende Rolle, da sie in der Natur meist schon haltbar vorgefunden werden. Soweit es sich um saftige Früchte und Beeren oder um bei der Reife zerfallene Fruchtstände handelt, sind besondere Vorkehrungen für das Haltbarmachen und Verwenden zu treffen.
Fruchtstände, die uns als solche eigentlich gar nicht auffallen, sind z.B. die Ähren bei den Gräsern. Wir schneiden sie noch grün, damit beim Trocknen nichts auseinanderfällt, so bei *Hordeum jubatum* (Mähnengerste) u.a. Ähnlich ist es bei Zweigen von *Aesculus* (Roßkastanie), *Castanea* (Edelkastanie), *Carpinus* (Hainbuche), *Quercus* (Eiche) und *Platanus* (Platane) u.a. Bei solchen Fruchtständen sollen beim Trocknen Zweig und Frucht fest verbunden bleiben, wobei durchaus einige Früchte oder Fruchthüllen aufplatzen können. Um das zu erreichen, muß rechtzeitig noch grün, d.h. unreif, geschnitten werden. Beeren und Einzelfrüchte werden gern und in vielerlei Form und Trockengestecken verwendet. Man benutzt dieses Material frisch, wie es vom Strauch geschnitten wird; nur wenn die Gestecke längere Zeit halten sollen, müssen diese Zutaten konserviert werden, z.B. durch Einstellen in Glyzerin-Lösung (siehe Seite 21).
Geschnitten oder geerntet wird nach voller Ausfärbung. Material dieser Art bieten z.B. *Berberis* (Berberitzenarten), *Callicarpa* (Schönfrucht), *Chaenomeles* (Zierquitte), *Cydonia* (Quitte), *Hamamelis* (Zaubernuß), mit herrlichen kleinen Fruchtkapseln, die nach dem Aufspringen für die Herstellung von Schmuckbroschen gut geeignet sind, *Hippophaë* (Sanddorn), *Ligustrum* (Liguster), *Mahonia* (Mahonie), *Pyracantha* (Feuerdorn), *Rosa* (Rosenarten), *Symphoricarpos* (Schneebeere), *Viburnum* (Schneeballarten).
Größere einzelne Früchte wie etwa Zierkürbisse lassen sich durch Einwachsen haltbar machen. Sie behalten dann länger Form und Farbe.
Einige Fruchtstände, die in der Trockenblumenbinderei verwendet werden können, aber eigentlich gar keine Fruchtstände mehr sind, wären noch hinzuzufügen. Wenn wir Zweige von Korbblütlern kurz vor oder während der Samenernte schneiden, können wir die Samen auspusten oder auszupfen. Es verbleiben dann die silbern oder golden leuchtenden Blütenböden; Beispiel ist *Centaurea jacea* (Wiesenflockenblume). Die Familie der Doldenblütler (s. Seite 54) ist da besonders ergiebig. Es sind klare Formen für große Trockenblumengestecke einschließlich des größten Vertreters, des Bärenklaus oder der Herkules-Staude.

Fuchsia-Hybriden, Fuchsien

Fuchsien sind ausgezeichnete Pflanzen für die Balkonkästen an Ost-, West- und auch Nordfenstern. Sie sind nicht nur ein interessantes Sammelobjekt für den Balkonkasten; mit ihrem Reichtum an Farben und Formen sind die Blüten auch ein gutes

Material zum Experimentieren mit Kieselgel.

Gaillardia, Kokardenblume

Die großen, kornblumenähnlichen Blüten sind je nach Sorte ein- oder mehrfarbig. Die Skala der Tönungen reicht von Weiß über Karminrot bis Orange, ja bis zu Schwarzpurpurrot. Es ist eine gute Schnittblume, die, voll erblüht geschnitten und mit Kieselgel oder im Schatten getrocknet, gut als Trockenblume verwendbar ist. Die Gaillardien sind Stauden, die 30–90 cm hoch werden und von Juni bis September blühen. Da sie nicht sicher winterhart sind, kultiviert man sie besser als anspruchsvolle Einjahrsblumen.

Galeopsis, Hanfnessel oder Hohlzahn

Unkräuter auf Äckern, Geröll oder Schuttflächen und an Gebüschen sind die einjährigen Arten *G. ladanum* (Ackerhohlzahn) und *G. tetrahit* (Gemeiner Hohlzahn). Die Blüte beginnt Mai/Juni und dauert bis in den Oktober. Nach der Blüte bleiben an den 20–80 cm hohen verzweigten Stengeln die Quirle aus den leuchtend rötlich bis rotbraun gefärbten, fünfzipfeligen Kelchen zurück. Enfernt man die unter diesen Quirlen sitzenden Blätter, so erhält man reizvolles, allerdings sehr stacheliges Trockenblumenmaterial.

Galtonia candicans, Riesenhyazinthe

Diese bis 150 cm hohe Staude zeigt ihre volle Wuchskraft und Schönheit erst, wenn sie mehrere Jahre ungestört im Boden liegt. Man sollte deshalb die Zwiebeln 15–20 cm tief pflanzen und mit einer in schneelosen Gegenden besonders dicken Laubschicht vor Frost schützen. Nicht die in der Vase gut haltbaren weißen, großen, überhängenden Glockenblüten sind für uns interessant, sondern der Fruchtstand. Die Samenkapseln hängen nicht etwa daran, vielmehr haben sie sich kandelaberartig nach oben gedreht. Geschnitten wird, wenn die Samen auszufallen beginnen.

Gentiana, Enzian

Die bei uns vorkommenden Enzianarten stehen alle unter Naturschutz. Es gibt aber in den Staudengärtnereinen vielerlei Arten und Sorten, die für den Steingarten und den Rand der Staudenrabatte gut geeignet sind. Ihre Blüten fordern zum Experimentieren mit der Kieselgeltrocknung förmlich heraus.

Getreide

Zu den hierzulande angebauten Getreidearten gehören in erster Linie *Secale cereale* (Roggen), *Triticum aestivum* (Weizen), *Hordeum vulgare* convar. *distichon* (Zweizeilige Gerste) und *Avena sativa* (Hafer). Für Trockensträuße schneiden wir Getreidehalme, wenn sie anfangen, gelb zu werden. Die Körner dürfen noch nicht reif sein, da sie sonst ausfallen oder die Ähre wie bei der Gerste in Einzelteile zerfällt. Den richtigen Zeitpunkt kann man an der Reife der Körner feststellen: Man biegt ein Korn über den Fingernagel; wenn es sich dabei noch biegt und nicht bricht, dann ist die richtige Zeit zum Schneiden da.

Gomphrena globosa, Kugelamarant

Der Kugelamarant ist als anspruchsvolle Einjahrsblume zu behandeln und nach Vorkultur Ende Mai/Anfang Juni an eine sonnige Stelle auszupflanzen. Von Haus aus eine Staude, wird er jedoch bei uns als Einjahrsblume gezogen. An der stark verzweigten, etwa 30 cm hohen Pflanze erscheinen von August bis Oktober an den Zweigenden rote kugelige Blütenköpfe. Sobald eine genügend große Zahl voll entwickelt ist, wird die ganze Pflanze abgeschnitten und nach dem Entfernen der Blätter zum Trocknen aufgehängt. Wer Spaß daran hat, kann auch einmal die angebotenen Mischungen mit Weiß, Rosa und Rot bis Purpur versuchen.

Gypsophila, Schleierkraut

Zwei Arten sind zum Trocknen ihrer lockeren, duftigen Zweige interesssant, *G. elegans* und *G. paniculata. G. elegans,* einjährig, wird 30–40 cm hoch und blüht weiß, rosa oder rot in sehr lockeren, vielverzweigten Rispen von Juli bis September. Es wird Ende März/Anfang April an eine sonnige Stelle gepflanzt. Jedes Jahr wieder schneiden kann man von der Staude *G. paniculata.* Diese Art bildet locker verzweigte, bis 1 m große Büsche und blüht von Juni bis September. Einige Sorten davon sind für uns besonders geeignet: ‘Plena’, gefüllt weißblühend, ‘Bristol Fairy’, großblumig, weiß gefüllt, und ‘Rosenschleier’, rosa gefülltblühend. Geschnitten werden Zweige mit ganz offenen Blüten. Im Winter gibt es seit einiger Zeit frische Schleierkrautzweige, die aus den Mittelmeerländern zu uns kommen und von den Floristen als »Bindegrün« benutzt werden. Wir können diese Zweige, wenn die Rosen, die dabei sind, im Strauß steckend verblüht sind, ohne Wasser in der Vase trocknen lassen und weiter für uns wie sommergetrocknetes Schleierkraut verwenden.

Hamamelis, Zaubernuß

Die Zaubernuß-Arten sind langsam wachsende Sträucher, die auch in kleinen Gärten Freude bereiten können. Nicht nur, daß viele von ihnen mit ihren haselnußähnlichen Blättern im Herbst herrliche Gold-, Rot- oder Orangetöne in den Garten bringen – auch ihre Blütezeit ist ungewöhnlich: *H. virginiana* im Spätherbst, Oktober bis oft Dezember, *H. mollis* mit vielen Sorten von Januar bis März/April und dann *H. japonica,* etwa zur gleichen Zeit oder auch etwas später bis in den April. Ein Versuch lohnt sich; eine solche Bereicherung durch blühende Sträucher ist im Garten selten. Alle Zaubernuß-Arten bringen bei uns Früchte: kleine, aufplatzende Kapseln, die schwarze, glänzende, glasharte Samen enthalten. Diese Kapseln lassen sich gut zu Schmuckbroschen verarbeiten und farbig oder golden oder silbern einspritzen.

Hedera helix, Efeu

Eine immergrüne Kletterpflanze, die auch als Bodendecker viel verwendet wird. Es gibt eine Vielzahl von Sorten, die sich untereinander in der Blattform und zum Teil auch in der Blattfärbung, besonders der Winterfärbung, unterscheiden. Efeu blüht erst als sehr alte Pflanze. Aus den Blüten, die im Spätherbst erscheinen, werden in den Wintermonaten kleine, grüne, in Büscheln stehende Beeren, die im Frühjahr reifen und dabei blauschwarz werden. Die kleinen grünen Beerenbüschel lassen sich gut zu herbstlichen und winterlichen Gestecken verarbeiten; dies geht auch ausgezeichnet zusammen mit Trockenblumen, da sie bei der Verarbeitung im Gesteck allmählich trocknen, aber dabei Form und Farbe behalten. Die verschiedenen Efeusorten liefern uns vielfältiges Blattmaterial, das sich entweder durch Pressen oder durch die Glyzerinmethode haltbar machen läßt, wobei durchaus auch ganze Zweige eingestellt werden können.

Helichrysum bracteatum, Gartenstrohblume
Eigentlich eine Staude, wird sie bei uns einjährig mit Vorkultur gezogen. Die Blüten erscheinen an bis 120 cm hohen verzweigten, straff aufrechtstehenden Stengeln. Die Blütenköpfchen sind 4–8 cm groß und haben strohige Blütenblätter. Das Farbspiel reicht von Weiß, Gelb über Rosa, Rot, Violett bis Braun. Heute wird häufig die Sorte 'Tetra' angebaut, die sich aber weniger als die bisher ausschließlich im Handel befindliche Sorte 'Monstrosum' als Trockenblume eignet. Es gibt neuerdings auch eine 30–40 cm hohe und verzweigte Zwergsorte, 'Hot Bikini', in vielen Farben, die man im April an Ort und Stelle aussäen kann. Züchter ist die Firma Benary. Man kann bei allen Strohblumen Einzelfarben oder Farbmischungen als Saatgut kaufen. Die Blüten müssen, sobald sie Farbe zeigen, noch als Knospen geerntet werden. Sind sie bereits zu weit, blühen sie beim Trocknen auf, und die schwarze Blütenmitte wird sichtbar.

Helipterum, Sonnenflügel
Zwei einjährige, 30–60 cm hohe Arten sind zur Gewinnung von Trockenblumen geeignet: *H. manglesii* und *H. roseum;* ihre Blütenköpfchen sitzen einzeln auf langen Stielen. Bei *H. manglesii* (oft im Handel als »Rodanthe manglesii«) können wir von Juli bis August rosa bis purpurne Blüten schneiden. *H. roseum* (Handelsname oft »Acroclinium roseum«) blüht rosa und weiß. Manchmal ist auch Samen von *H. humboldtianum* mit dem gelbblühenden Gelbköpfchen zu erhalten. Alle *Helipterum*-Blüten müssen sofort nach dem Aufblühen geschnitten werden, da sie sich sonst beim Trocknen braun färben. Sicherer ist es noch, kurz vor dem Erblühen knospig zu schneiden. Die Aussaat kann an Ort und Stelle erfolgen, ist jedoch in kühlen, feuchten Jahren ohne Erfolg, so daß man besser nach Vorkultur Ende Mai auspflanzt. Beim Samenkauf sollte man nach gefüllten Sorten fragen.

Helleborus niger, Christrose
Die Fruchtstände ähneln denen von *Nigella* (Jungfer im Grünen). Wir schneiden diesen fünfzipfeligen Fruchtstand noch grün und lassen ihn, in Gefäßen stehend, trocknen. Christrosenblätter lassen sich gepreßt und getrocknet gut zu Trockenblumengestecken verarbeiten.

Heracleum, Herkuleskraut oder Bärenklau
Mehrere Arten sind für unsere Zwecke brauchbar. Sie werden alle 1–3 m hoch, in seltenen Fällen sogar darüber. Die riesengroßen Blütenschirme dieser Doldenblütler entfalten sich im Juni und Juli. *H. lanatum* ist eine Staude, *H. stevenii (H. laciniatum)* und *H. mantegazzianum* sind zweijährig, säen sich aber so reichlich selbst aus, daß sie zum Unkraut werden können. Gleich gut geeignet, aber viel kleiner natürlich ist unser einheimisches Herkuleskraut oder Bärenklau, *H. sphondylium,* eine Pflanze feuchter, nährstoffreicher Wiesen- und Wegränder. Zur Dekoration ernten wir im Frühherbst die Blütenstände, bevor die Samen abfallen; aber auch in völlig trockenem Zustand in Spätherbst sind die Samenstände noch sehr dekorativ und zur Verarbeitung geeignet. Es sind dann Dolden aus Sternen, da die Samen abgefallen sind. Gut geeignet sind die formal wirkenden Stengel, wenn sie mit Farbe angestrichen werden, für große Gestecke und Bodenvasen. We-

gen der Gefährlichkeit der Herkulesstauden siehe Seite 9, den Absatz Doldenblütler.

Hippophaë rhamnoides, Sanddorn

Dieses Gehölz mit schmalen silbrigen Blättern und dornigen Zweigen ist äußerst anspruchslos und wird bis 5 m hoch. Die leuchtend orangeroten Beeren besitzen sehr viel Vitamin C und können zu einer wohlschmeckenden Marmelade verarbeitet werden. Zur zierenden Verwendung bleiben die Beeren an den Zweigen, und die Blätter werden entfernt. Die Fruchtzweige brauchen nicht präpariert zu werden. Bitte Vorsicht bei der Verarbeitung, da die leuchtend gelbroten Beeren, wenn der Saft austritt, sogleich intensiv gefärbte Flecke auf der Kleidung hinterlassen. Die silbergrauen Blätter lassen sich gut pressen und später in Trockengestecken verarbeiten. Ernten dürfen wir nur in Gärten bei angepflanzten Sträuchern, da die wild vorkommenden unter Naturschutz stehen.

Holcus, Honiggras

Dieses Gras mit seinen beiden Arten *H. lanatus* und *H. mollis* finden wir auf sauren, kalkarmen Wiesen und Äckern. Der Blütenstand ist dicht, weich und gelblich rosa bis rotviolett überlaufen. Diese Blütenstände wirken fast wie Pampasgräser.

Hordeum jubatum, Mähnengerste

Dieses 50–70 cm hohe Gras aus Nordafrika blüht von Juni bis August und wird bei uns einjährig kultiviert, da es nicht winterhart ist. Auf schlanken Halmen stehen Ähren mit langen, dichten, seidenweichen Grannen. Diese sind am Ende rosa oder rotviolett und werden bei der Reife gelb. Zum Trocknen sind die Halme vor dem Gelbwerden der Grannen zu schneiden, da sonst die Ähre zerfällt.

Hosta, Funkie oder Herzlilie

Diese Pflanze mit ihren grünen oder gelben, weiß marmorierten Blättern aus der Familie der Liliengewächse treibt oft ganz merkwürdige, für die Vase geeignete Blütenstände mit weißlila, manchmal duftenden Blüten. Für uns interessant sind die Blätter, die man pressen kann oder durch Bügeln trocknet, damit in der Hitze dann das Blattgrün zerstört und die Blätter gelblichbleich werden. Schön sind auch die Fruchtstände im Herbst, die dann gleich im richtigen Zustand nach geringem Nachtrocknen für uns brauchbares Material liefern. Die Funkien selbst, ganz besonders *H. plantaginea,* die Lilienfunkie, mit großen weißen duftenden Blüten in bis 60 cm hohen Blütentrauben, sind für Halbschattenpartien mit feuchterem, nährstoffreichem Moosboden ausgezeichnete Gartenstauden; sie eignen sich aber auch genauso, um in Kübeln auf Terrassen gezogen zu werden und sind langlebig und dankbar.

Humulus lupulus, Gemeiner Hopfen

Eine Schlingpflanze an Hecken und Sträuchern, besonders in Ufergebüschen mit Erlen und Weiden. Der Fruchtstand ist zapfenartig. Man bezeichnet ihn als Scheinähre oder auch als Hopfendolde. Der Hopfen wird zweckmäßig ab August grün geschnitten. *H. japonica* mit weiß panaschierten Blättern kann man aus Samentütchen als anspruchsvollere Einjahrsblume vorkultivieren und als Sommerschlinger auspflanzen. Er blüht bei uns nicht, liefert uns also keine Fruchtstände, obwohl er zu den schnell wachsenden Einjahrsschlingern gehört.

Hydrangea, Hortensie
Die großen Blütenrispen dieses Strauches sind frisch und abgeschnitten sehr lange haltbar. Bei *H. paniculata* (Rispenhortensie) sind sie weiß; sie erscheinen von Juli bis September und verfärben sich während der Blütezeit von Karmin bis Kupferrosa. *H. macrophylla* (Gartenhortensie) ist die Stammart unserer Topfhortensiensorten, die meist winterhart sind. Ihre Blütenrispen sind im Gegensatz zu den lang kegelförmigen von *H. paniculata* flache Halbkugeln. Sowohl zum Trocknen wie auch zum Einstellen in Glyzerinlösung können wir nur voll erblühte und bereits gut ausgereifte Blütenköpfe oder Rispen schneiden. Man merkt das, wenn die Blüten sich dann kupferfarben oder grünlich verfärben.

Hystrix patula, Flaschenbürstengras
Ein 60–120 cm hohes Staudengras für trockene Standorte, das Winterschutz durch eine Laubdecke benötigt. Die Ähren erscheinen Juli bis August und ähneln einer etwas spärlichen Flaschenbürste. Die Grannen sind erst weißlichgrün und werden bei der Reife rotbraun. Die Halme müsen noch unreif zum Trocknen geschnitten werden.

Ilex aquifolium, Stechpalme
Dieses immergrüne Gehölz besitzt ledrige, dornig gezähnte Blätter. Es trägt im Herbst leuchtend roten Beerenschmuck und liefert damit sehr dekorative Zweige für Advents- und Weihnachtsgestecke. Blätter entfernen, da sie im Zimmer abfallen! Die Stechpalme kommt in vielen Buchenwäldern als Unterholz vor. Freistehend wird sie ein bis 10 m hoher Baum. Das Schneiden von *Ilex*-Zweigen in der freien Natur ist nicht statthaft, da das Naturschutzgesetz den *Ilex* als geschützte Pflanze ausweist. Präparieren in Glyzerinlösung ist möglich, dauert aber lange und läßt die Blätter von Grün in ein dunkles Lederbraun verfärben.

Inula, Alant
In den Staudengärtnereien und so auch in unseren Gärten werden *I. ensifolia* (Schwertalant), *I. hookeri, I. magnifica (I. afghanica)* und ihre Sorten kultiviert. Schneiden wir von diesen 30–150 cm hohen Stauden die gelb oder orange blühenden Blütenstände, dann erhalten wir, da diese beim Trocknen noch ausreifen, intensiv braun gefärbte, gut verwendbare Fruchtstände. In vielen Gegenden Deutschlands wächst *I. conyza* (Dürrwurz) wild; ihre reifen Fruchtstände liefern im Spätherbst silberfarbene Blütenböden wie Flockenblumen.

Iris, Schwertlilie
Die bezaubernden Blüten sowohl der Zwiebeliris (z.B. *I. danfordiae* oder *I. reticulata)* als auch der Garteniris bringen uns hervorragendes Blütenmaterial für Kieselgeltrocknung. Außerdem sind von sehr vielen *Iris*-Arten die Fruchtstände interessant, wenn die Samen oder farbenprächtigen Beeren *(I. foetidissima)* aus den aufgeplatzten Kapseln heraustreten. Ernten können wir nur im Garten, da die wild vorkommenden Arten, *I. pseudacorus* (Wasserschwertlilie) und *I. sibirica* (Sibirische Schwertlilie), unter Naturschutz stehen.

Juncus, Binse
Diese Pflanzengattung gehört zu den Sauergräsern; die Arten kommen meist auf feuchtem und nassem Boden vor. Blätter und Blütenstiele sitzen auf einem kräfti-

gen, kriechenden Rhizom. Sie blühen im Frühsommer und Sommer. Blütenbüschel – man bezeichnet sie auch als Spirren – sitzen einzeln oder zu mehreren am Stengel. Die Blütenstände werden oft von laubblattartigen Hüllblättern überragt. Interessant sind für uns die heimischen Arten: *J. compressus* (Zusammengedrückte Binse), *J.conglomeratus* (Knäuelbinse), *J. effusus* (Flatterbinse), *J. filiformis* (Fadenbinse), *J. inflexus* (Graugrüne Binse), *J. maritimus* (Strandbinse). Die Stiele mit den Blütenständen werden geschnitten, wenn die Einzelblüten voll erblüht sind oder der Samenansatz begonnen hat.

Juniperus, Wacholder
Unser wildwachsender Wacholder, *J. communis,* steht unter Naturschutz. Es gibt aber in den Baumschulen und Gärtnereien eine Vielzahl von Wacholderarten und -sorten in den verschiedensten Farben und Formen. Genau das richtige für das Experimentieren mit Glyzerinlösung!

Lagenaria, Flaschenkürbis
Kürbisflaschen sind vielen aus Karl-May-Büchern und Forschungsberichten vertraut. Wir können selbst auch *L. siceraria* mit seinen vielen Formen aussäen und nach Vorkultur ab Mitte Mai auspflanzen. Das muß aber an einer sehr warmen, sonnigen Stelle geschehen, damit dieses kletternde Kürbisgewächs bei reichem Gießen und Düngen während des ganzen Sommers kräftig wachsen und seine Flaschenkübisse ausbilden kann. Die Kürbisfrüchte sind dann vor dem Frost, möglichst gut ausgereift, zu ernten; dann müssen sie in einem nicht zu warmen Raum trocknen, andernfalls würden sie schnell schrumpfen und runzelig werden. Das Trocknen kann bis über ein Jahr dauern. Wer diese Prozedur nicht auf sich nehmen will, ist besser dran, wenn er sich beim Samenfachhandel oder im Blumengeschäft für ein paar Mark Flaschenkürbisfrüchte kauft.

Lagurus ovatus, Hasenschwanz- oder Sammetgras
Ein einjähriges Gras, das wie eine anspruchsvolle Einjahrsblume zu behandeln ist. Es blüht von Juni bis August und trägt seine Ähren als eiförmige, weichwollige Köpfchen mit langen, seidenweichen Grannen auf 20–40 cm hohen Stielen. Die Halme werden geschnitten, nachdem die Köpfchen voll ausgebildet, aber noch nicht reif sind. Sie lassen sich gut färben. In sehr kühlen und feuchten Gegenden ist eine Vorkultur und das Auspflanzen Ende Mai an eine sonnige, trockene Stelle ratsam.

Lapsana communis, Rainkohl
Diese einjährige Pflanze, ein Unkraut auf Schuttplätzen und in feuchten Wäldern, blüht von Mai bis September mit kleinen gelben Köpfchen an 30–100 cm hohen, vielverzweigten lockeren Rispen. Interessant zur Trockenverwendung sind die Stengel, nachdem die Samen ausgefallen sind (ähnlich *Centaurea jacea).*

Lavandula, Lavendel
Unsere Großmütter trockneten blühende Zweige dieses 40–60 cm hohen Strauches, um sie wegen des Lavendelduftes zwischen die Wäsche zu legen. Die Blüten erscheinen im Juni bis Juli; in Vollblüte mit etwas silbergrauem Laub geschnitten, trocknen die Zweige rasch, und die Blüten behalten ihre Farbe. Eine tief dunkelblaue Sorte des Echten Lavendels, *L. angustifo-*

lia, der meistverbreiteten Art, ist die 40 cm hohe 'Hidcote Blue'. Lavendel ist ein Strauch für trockene, heiße, steinige Stellen im Garten. Bei schneelosen Wintern muß er mit einer Reisigdecke geschützt werden.

Leontopodium, Edelweiß

Unser heimisches Edelweiß, L. alpinum, steht unter Naturschutz. Wir können aber in den Gärtnereien dieses Alpenedelweiß ebenso wie ein chinesisches Edelweiß, *L. souliei,* schon als direkt zum Auspflanzen in einem Topf kultivierte Staude kaufen. Die Blüten werden, wenn sie aufgeblüht sind, geschnitten und an der Luft, in ein Glas eingestellt, getrocknet.

Liatris spicata, Prachtscharte

Die Prachtscharte ist eine langlebige Staude unserer Gärten, die von Juni bis Oktober blüht, und deren beblätterte Blütenstände 40–120 cm hoch werden. Die bläulichroten, purpurrosa Blüten sitzen dicht gedrängt in einer 10–40 cm langen Ähre. Bei der Prachtscharte entwickeln sich erst alle Knospen der Blütenähre, und dann beginnt sie, abweichend von anderen Pflanzen, von oben her aufzublühen. Die Blütenstände schneiden wir zum Trocknen, wenn etwa zwei Drittel ihrer Länge erblüht sind.

Ligustrum, Liguster

Ligusterhecken – wer kennt sie nicht! Das derbe, in milden Wintern immergrüne Laub ist wie geschaffen, durch eine Behandlung mit Glyzerinlösung haltbar gemacht zu werden: Man stellt die belaubten Zweige in die Lösung. Im übrigen sollte man, falls sich am Liguster die schwärzlichen Beeren zeigen, vorsichtig sein, denn sie sind sehr giftig.

Limonium (Statice), Widerstoß oder Meerlavendel

Alle Arten sind prädestinierte Trockenblumen, da ihre Kelch- bzw. Blütenblätter trocken-papierartig sind. Vier Arten sind für unsere Zwecke geeignet. *L. suworowii* ist einjährig und blüht von Juli bis September an verzweigten, 40–80 cm langen Stielen. Wenn die langen, rosaroten Blütenähren fast erblüht sind, wird geschnitten und zum Trocknen in Bündeln aus wenigen Stielen aufgehängt. *L. sinuatum* und *L. bonduellii* sind 60–90 cm hohe zweijährige Pflanzen, die von Juli bis Oktober blühen. Sie werden jedoch bei uns, da sie nicht recht winterhart sind, einjährig gezogen. Sie blühen an gabelig verzweigten Blütenschäften in gedrängten Rispen am Stengelende, *L. sinuatum* weiß, rosa, rot und blau, *L. bonduellii* gelb. Alle drei vorgenannten Arten sollten, wie für anspruchsvolle Sommerblumen beschrieben, kultiviert werden, um eine früh einsetzende Blüte zu erreichen. Bei *L. sinuatum* sollte man Saatgut in Einzelfarben und nicht als Mischung kaufen. In den Wintermonaten sind aus den Mittelmeerländern *L. sinuatum,* blaublühend, als frische Schnittblumen im Handel. Wir können sie so weit aufblühen lassen, daß aus den blauen Kelchblättchen die weißen Blüten hervorschauen, und sie dann direkt trocknen. *L. tataricum* ist eine 30–60 cm hohe, von Juli bis September blühende Staude. An vielfach gabelig verzweigten Stengeln sitzen kleine weißbläuliche Blüten.

Alle *Limonium*-Arten werden zum Trocknen geschnitten, wenn die Blütenblätter voll entwickelt und ausgefärbt sind. Bei *L. sinuatum* und *L. suworowii* sollten die Bündel nicht zu dick sein, weil sie dann nicht einwandfrei trocknen.

Liquidambar, Amberbaum
Der Amberbaum *L. styraciflua* ist ein langsam wachsender Baum mit kegelförmigem Wuchs und handförmig gelappten, glänzend grünen Blättern. Im Herbst verfärben sich diese prachtvoll in allen Schattierungen von Grün über Gelb, Orangerot bis Dunkelrot oder Braun. Der Amberbaum gilt als einer der Bäume mit der schönsten Herbstfärbung; er liefert uns ausgezeichnetes Blattmaterial in vielen Farbschattierungen.

Lonas annua, Immortelle
Diese Einjahrspflanze trägt von August bis Oktober auf buschig verzweigten, 30–60 cm hohen Stengeln goldgelbe Blütenköpfchen, die zu vielen in doldenähnlichen Trauben stehen. Die sehr kräftigen weißrötlichen Stengel tragen wechselständige fiederspaltige Blätter. Kultur wie eine anspruchslose Einjahrsblume mit der Ausnahme feuchter und kühler Gegenden, in denen eine Vorkultur zu empfehlen ist. Die Blüten werden zum Trocknen voll erblüht geschnitten.

Lonicera, Geißblatt
Interessant ist hier unser heimisches Waldgeißblatt, und zwar geht es uns weder um Blätter oder Blüten noch allein um die Früchte, sondern allein um die Triebe, die sich um jeden erreichbaren Stamm oder Zweig in engen Windungen herumdrehen. Sowohl das beim Wachstum dann tief eingeschnürte, vom Geißblatt umfaßte Holz wie auch der gedrehte Geißblattzweig selbst liefern für unsere Zwecke vielfältiges, bizarres Material.

Lunaria, Silberling oder Mondviole
Zwei Arten sind für uns wichtig: *L. annua,* Judassilberling, kann als Einjahrsblume gezogen werden und blüht von Mai bis Juni. Die Früchte sind breite, flache Schoten, bei denen nach der Reife zur Freigabe der Samen beide Seiten abfallen, so daß nur die silbrigglänzende Schotenmittelwand erhalten bleibt. Daher der Name »Silberling« oder »Silberpfennig«. In gleicher Weise genutzt wird *L. rediviva,* Silberblatt, eine Staude, die von Mai bis Juli blüht. Zu unterscheiden sind beide Arten an der silberweißen Trennwand, die bei *L. rediviva* zwei spitze Enden besitzt und bei *L. annua* rundoval ist. Geschnitten werden die Stiele, wenn die Samen ausgefallen und die Trennwände sichtbar sind.

Lychnis chalcedonica, Brennende Liebe
Die scharlachroten, kompakten Blütenstände dieser 50–120 cm hohen Staude leuchten im Juni bis Juli. Geschnitten wird später, vor der Samenreife, der halbtrokkene Fruchtstand.

Lythrum salicaria, Blutweiderich
Der Blutweiderich blüht von Juni bis September bläulichpurpurrot. Bis zum Spätherbst können wir an Teich-, See- und Bachufern die starren, trockenen, 50–120 cm hohen Stiele noch finden und schneiden. Der Blutweiderich liefert dann ein ganz hervorragendes Trockenmaterial. Die straff aufrechten Stiele sind oben fein verästelt und wirken grazil und elegant. In den Gärten wird *L. virgatum,* Rutenweiderich, als Sumpfstaude eingepflanzt. Er gleicht im Aussehen dem Blutweiderich, kann aber bis 180 cm hoch werden. Seine Blütenfarbe ist bei den meisten Sorten mehr rosa oder rot.

Magnolia, Magnolie
Sie gehört zu den schönsten Blütensträu-

Alle Formen von Heide und Erica eignen sich für solche naturhaft wirkenden Gestecke, die durch Pflanzenteile des natürlichen Standortes ergänzt werden (kleine Wacholderzweige, grüne und graue Flechten und Moose).

Der Ginster im Sektkübel, ebenfalls frisch geschnitten, bleibt fast unverändert in Form und Farbe. Gräser mit kräftigen Stielen, Königskerzen und den Gemüselauch mit Fruchtständen kann man ohnedies in Bodenvasen trocknen.

Frisch verarbeiten – trocknet von selbst

Diese Disteln können frisch geschnitten, aber auch getrocknet verarbeitet werden: Kugel-, Gold-, Silberdistel und die amethystblaue Edeldistel.

Festliches Heidegesteck mit gleichfarbigen Rosen. ▷ Wildheide (Calluna vulgaris) ist geschützt, aber jede Gartenheide tut es auch. Frisch geschnitten, ist sie leicht zu verarbeiten; sie trocknet dann von selbst und kann lange halten. Die Rosen werden in das fertige Gesteck eingeführt und nach dem Verblühen wieder entfernt.

chern, beziehungsweise zu den schönsten Blütenbäumen. Vom zeitigen Frühjahr (*M. stellata*, Sternmagnolie) bis zum Frühsommer (*M.* × *soulangiana*) entfalten sie ihre weißen, rosa oder roten Tulpen gleichenden Blüten. Im Bereich der Trockenblumen sind die »Fruchtzapfen« gut verwendbar. Meist grünrot gefärbt, platzen sie über den leuchtend roten Samenkörnern auf und sind eine sehr dekorative Ergänzung zu anderen Beeren und Früchten. Magnolienblätter gepreßt und getrocknet sind für viele Gestecke gut verwendbar. *M. grandiflora* liefert die Blätter für filigranhafte Blattskelette (Bearbeitung s. Seite 25).

Malus, Apfelbaum, Zierapfel
Mit unserem Apfelbaum verwandte Gehölzarten mit weißen, rosa oder roten Blüten und einer Fülle kirschgroßer weißer, gelber, grüner oder roter bis violetter Äpfelchen. Aus diesen Früchten kann man bei vielen Arten auch Gelee kochen. Die fruchtbehangenen Zweige kommen in großen, dekorativen Vasen ausgezeichnet zur Geltung. Geeignete Sorten sind 'Hiller', Äpfelchen gelb mit orange, etwa 2 cm groß, 'Darthmouth', Früchte scharlachrot, bläulich bereift, 'Sieboldi Wintergold', goldgelbe Früchte. Einige Sorten duften beim Blühen, wie etwa die bekannte 'Coronaria Angustifolia' und 'Hupehensis'. (S. auch Vorwort.)

Melissa officinalis, Zitronenmelisse
Zu Großmutters Zeiten duftete sie in jedem Hausgarten. Die Fruchtstände sind dem Brandkraut ähnlich, aber viel zierlicher, und getrocknet ausgezeichnetes Dekorationsmaterial. Wir können die Stiele noch schneiden, wenn sie schon gelb werden.

Mentha × piperita, Pfefferminze
War und ist eine verbreitete Pflanze der Hausgärten, liefert den jedem vertrauten Pfefferminztee. Die halberblühten Blütentriebe, geschnitten und getrocknet, bleiben zart lilarosa auch als Trockenmaterial. Wer Pfefferminze pflanzt, sollte daran denken, daß sie im Garten gerne wuchert. Gleich gut geeignet, wenn auch zierlicher im Wuchs, sind die bei uns wild vorkommenden Minzearten.

Milium effusum, Waldhirse oder Flattergras
Dieses Waldgras kann auch im Garten an schattigen, luftigen Stellen gut zur Bodenbedeckung gepflanzt werden. Die bis 1 m hohen Halme mit ihren eigenartig nach unten abstehenden Seitenästchen schneiden wir wie andere Gräser vor dem Ausreifen, damit sie nicht zerfallen.

Mirabilis, Wunderblume
Am schönsten und interessantesten für uns ist *M. jalapa*, die Wunderblume, mit der Vererbungsforscher die Vererbungslehre untersucht haben. Die Knollen werden wie Dahlien überwintert und ebenso im späten Frühjahr wieder gelegt. Die Pflanzen werden bis zu 1,20 m hoch und blühen weiß, gelb oder rot oder auch mit mehrfarbigen Blüten an einer Pflanze – deshalb Wunderblume. Sie setzen reichlich schwarze Samen an, die dann immer wieder abgelesen werden müssen, da sie locker im Kelch sitzen und bei Wind ausfallen. Diese Samen sind für Ketten gut geeignet.

Miscanthus, Chinaschilf
Diese schilfähnlichen Staudengräser werden je nach Art und Sorte bis 2 m hoch. Die weißen, duftigen Blütenstände sind

mehr oder minder groß und federbuschähnlich. Sie benötigen im Winter mehr trockene Standorte, dagegen während der Triebzeit im Frühjahr und Frühsommer kräftige Wasser- und Düngergabe. Sie können ebenso wie beim Pampasgras geschnitten und getrocknet werden. Auch ausgereifte Fruchtstände, bei denen der Samen ausgefallen ist, sind immer noch interessant und geeignet. Wer für Bodenvasen großes, hohes Material braucht, sollte einige Halme am Boden abschneiden. Das kann man auch tun, ohne daß diese Halme blühen, um sie im grünen Zustand zu trocknen. Für größere Vasen reicht sicherlich *M. japonicus,* das Riesenchinaschilf, das bis 3½ m hoch wird. Von *M. sinensis* blühen sicher und reich die Sorten 'Silberfeder' und 'Condensatus'. Gelb quergestreifte, überhängende Blätter hat die Sorte 'Zebrinus', steif aufrechtstehende die Sorte 'Strictus'. Die Chinaschilf-Arten und -Sorten sind die am kräftigsten wachsenden Gräser für unsere Gärten.

Molinia arundinacea 'Altissima', Pfeifengras

Dieses bei uns heimische, 150–200 cm hohe Staudengras hat kräftige, starr aufrecht stehende Halme mit 20–30 cm großen endständigen Rispen. Diese färben sich im Herbst kräftig goldbraun und sind eine aparte Ergänzung des Trockenblumenmaterials für große Gestecke. Besonders gut färbt sich die Sorte 'Windspiel' mit ihren braunen Ährchen. Von *M. caerulea* ist die Sorte 'Moorhexe' mit ihren schwarzbraunen Ähren besonders interessant. Wir können die Halme für Trockenblumenverwendung unbekümmert schneiden, da sich bei allen *Molinia*-Arten die Halme nach den ersten Frösten von der Pflanze lösen und umfallen.

Moluccella laevis, Muschelblume

Obwohl eine Staude, wird sie bei uns nach der Art der anspruchsvollen Sommerblumen einjährig kultiviert. Es ist eine alte Gartenpflanze (15. Jahrhundert), deren Einzelblüten muschelartig ausgebildete, kragenartig hinausragende Kelchblätter besitzen. Diese »Muscheln« sitzen zu sechst in Quirlen an einer 30–40 cm langen Blütenkerze. Zum Trocknen können die Stiele dieser duftenden Pflanze etwa 18–20 Wochen nach der Aussaat geschnitten werden. Wenn die »Muscheln« langsam trocknen, verfärben sie sich gelblichbräunlich. Je schneller wir sie trocknen, eventuell mit heißer Luft oder dem Backofen, desto besser erhält sich ihr frisches, helles Grün.

Moose

Besonders die Laubmoose mit ihren vielfältigen Wuchsgestalten sind für die Verwendung mit Trockenblumen interessant. Auch polsterartig wachsende Moose wie *Leucobryum glaucum,* das Ordenskissenmoos, das wir in trockenen, lichten Kiefern- oder Laubwäldern finden, ist mit seinem silbergrauen Polster eine gute Grundlage für die Trockenblumenarbeit. *Sphagnum squarrosum,* das Sumpfmoos, hat edelweißähnliche Köpfe und kommt in Mooren und auf nassen Waldstellen vor. Viele andere Laubmoose gibt es noch, deren Aufbau kleinen Miniaturbäumchen ähnelt. Drei Beispiele seien hier genannt: *Hylocomium splendens,* das im Aufbau einer kleinen Tanne mit überhängenden Zweigen ähnelt; es kommt zusammen mit *Ptilium christacastrensis,* dem Federmoos, und dem Fuchsschwanzmoos *Thamnium alopecurum* in feuchten Eichen- und Hainbuchenwäldern vor. Oft finden wir es auch an den Grabenrändern am Wald-

Dieses Arrangement kam als Gastgeschenk ins Haus – mit zwei frischen Proteen. Nach dem Trocknen reizten sie dann zu neuer Verarbeitung.

Cornus und Silberlinge im Gesteck für Spätherbst und Winter. Weißlich durchscheinende Silberlinge nehmen die Lichtwirkung des Bergkristalls auf. Abdeckung unten mit silbergrauer Bartflechte.

Unbelaubte Zweige, vielseitig verwendbar

Dieselben Zweige, den steif wirkenden Amaryllis zugeordnet, bringen Leben in die Zusammenstellung. Der Rotton der einen Blüte wird von den Kalanchoëgruppen wieder aufgenommen, dazwischen vermitteln Zweige der Skimmia japonica mit braunroten Knospenspitzen.

Amaryllisstengel und deren Stützstab (Haselrute innen) gleichlang schneiden und auf einen Igel (Kenzan) setzen, abdecken mit Skimmien-Spitzen, vorn mit einem Bergkristall. Handgeformte Keramikschale mit gelbgrüner Mattglasur von Livia Gorka, Budapest.

Hartriegel-Gesteck auf Holzplatte. Interessante Zweigformen und -bewegungen sollen stets tonangebend sein, Details werden bei- oder untergeordnet. Ein Beispiel mit Zweigen von Cornus alba, zwei Proteen, grünen Mahonien-Triebspitzen (im Untergrund), entblätterten Ilex-Zweigen mit roten Beeren, silbergrauen Bartflechten zum Abdecken und Aufhellen im Grund. ▷

Faustgroße, überhöhte Halbkugel aus Polstermoos und Sphagnum mit Wickeldraht etwa zehnmal umwickeln, auf Nagel (6 cm) im Brett stecken, angespitzte Zweige einführen, für die Proteen Löcher vorbohren (Bleistift).

rand. Diese Moose können von wenigen Zentimetern bis manchmal etwa 20 cm groß werden und können gepreßt oder auch frei getrocknet unseren Schatz an Trockenmaterialien bereichern. Sollte das Moos beim Sammeln trocken geworden sein, legen wir es einfach in Wasser, dann wird es wieder weich; wir können die einzelnen Moospflanzen heraussortieren und zum Trocknen oder Pressen vorbereiten. Übrigens, wer wenig Platz hat, sich aber doch ein interessantes Herbarium-Sammelgebiet zulegen möchte, dem seien die Moose als dankbares, ergiebiges Objekt warm empfohlen: gerade dazu sind sie hervorragend geeignet.

Narcissus, Narzisse

Ganz gleich, ob es sich um unsere großkronigen Gartennarzissen handelt, um Dichternarzissen, Tazetten oder Wildarten – alle eignen sich zur Trocknung mit Kieselgel, und alle liefern verblüffend natürliches Trockenmaterial. Sie halten ihre Farben sehr gut und sind durch die Sorten- und Artenvielfalt der Gattung *Narcissus* ein unerschöpfliches Reservoir des Probierens und der Freude.

Nepeta, Katzenminze

Im Garten werden *Nepeta* × *faassenii* (Blauminze) und *N. grandiflora* (Großblütige Katzenminze) in Sorten kultiviert. Beide Arten sind unermüdliche Sommerblüher mit graugrüner Belaubung und lavendelblauen bis blauvioletten Blütenquirlen, die, dicht an dicht stehend, lange Kerzen bilden. Wichtig ist bei beiden Arten ein Rückschnitt im Juli/August. Die Blütenkerzen, voll aufgeblüht geschnitten, bleiben auch nach dem Trocknen farbig und so für Trockengebinde verwendbar.

Nigella damascena, Braut in Haaren, Gretchen im Busch oder Jungfer im Grünen

Dieses einjährige Kraut mit stark zerfiederten Blättern steht seit dem Frühmittelalter in unseren Gärten. Die weißen, hell- oder dunkelblauen oder auch rosa Blüten erscheinen von Juni bis September. Verbreitete Sorten: 'Miss Jekyll', hellhimmelblau, 'Persische Juwelen', eine Mischung, die auch rosa Blütentöne enthält. Aus den Blüten entstehen aufgeblasene Balgkapseln, die am oberen Ende ein gebogenes Hörnchen tragen. Diese Hörnchen an den kopfähnlichen Balgfrüchten haben der Pflanze im Englischen den Namen »Teufel im Busch« eingetragen. Behandlung wie eine anspruchslose Einjahrsblume, wobei man durch Folgesaaten den Blütenflor bis zum Frost verlängern kann. Man kann die Balgfrüchte mit Einzelstielen oder, sobald die Pflanze genügend ausgebildete Früchte besitzt, das ganze Gewächs auf einmal schneiden.

Nymphaea, Seerosen

Seit einigen Jahren sieht man immer häufiger Seerosen als Schnittblumen in den Blumengeschäften. Wir können auch selbst Seerosen kultivieren, seien es kleinwüchsige Sorten in Kübeln, Wannen oder Schalen bis hin zu den großwüchsigen in den Teichen, von denen die Sorte 'Pöstlingsberg' mit Blüten bis zu 25 cm Durchmesser die gewaltigste ist. Wenn Seerosenblüten und auch Seerosenblätter in der Vase einmal durch Zufall vertrocknen, wird man erstaunt sein über die bizarre Gestalt, die von ihnen erhalten bleibt. Wir können uns diese Zufallserfahrung zunutze machen und es auch da einmal, sei es auch nur aufs Geratewohl, mit dem Trocknen versuchen.

Oenothera, Nachtkerze
O. *biennis* (Schinkenkraut, Rapontikawurzel) stammt aus Nordamerika und ist eine bei uns eingebürgerte zweijährige, krautige Pflanze, die im ersten Jahr eine Blattrosette ausbildet und im zweiten Jahr blüht. Sie wird 1 m hoch und blüht gelb, in endständiger Ähre. Für die Trockenbinderei wichtig ist der Fruchtstand, den wir vor oder zur Zeit der Samenreife schneiden, da die aufplatzenden Samenkapseln ihn bizarr und interessant werden lassen. Wer die Stengel vor der Samenreife schneidet, sollte daran denken, daß er etwas aussäen muß, um Nachwuchs zu erhalten; er vermeidet aber andererseits das willkürliche Besitzergreifen des Gartens durch die Nachtkerze. O. *missouriensis* (Missourinachtkerze) ist eine Staude unserer Gärten. Ihre 10–15 cm großen, hellgelben Blüten erscheinen von Mai bis September an den 20–30 cm hohen, meist niederliegenden, rötlichen Trieben in unerschöpflicher Menge. Die Samenkapseln werden 10–15 cm lang und besitzen vier 2–3 cm breite Flügel. Beim Aufplatzen entstehen blütenähnliche Gebilde, die vielfältig verwendbar sind. Wir ernten die Kapseln zu diesem Zweck, wenn sie aufzuplatzen beginnen und helfen beim »Entfalten« unseren Wünschen entsprechend etwas nach.

Onopordum acanthium, Esels- oder Krebsdistel
Diese nicht sehr verbreitete zweijährige, 1–2 m hohe distelartige Pflanze blüht mit purpurroten Köpfen von Juli bis September. Sie besitzt silbergraue, oft den Stengel herablaufende Blätter. Zum Trocknen schneidet man die aufgeblühten Blütenstände oder die Stengel nach dem Verblühen, um die wolligen Samenstände verwenden zu können. Samen nach der Reife auszupfen, ergibt wie bei der Wiesenflokkenblume gut verwendbare, glänzende Blütenböden. Meist sät sich die Eselsdistel, wenn sie einmal im Garten vorhanden ist, selbst aus, dann oft so reichlich, daß sie zum Unkraut wird.

Paeonia, Päonie oder Pfingstrose
Alle Päonien bieten mit ihren Blütenblättern gutes Experimentiermaterial; seien es die Bauernpfingstrosen oder die Baumpfingstrosen – in beiden Fällen können wir die Blüten mit Geltrocknung für uns haltbar machen. Die Blätter liefern, gepreßt und getrocknet, sehr kräftiges Grundaufbaumaterial für Gestecke.

Panicum, Hirse
Diese Gräsergattung ist mit über 400 Arten, darunter viele einjährige und auch staudige, besonders in den Tropen und Subtropen verbreitet; sie liefern ausgezeichnetes Trockenmaterial. Wenn wir Hirse als Vogelfutter kaufen und sie aussäen, können wir Glück haben und darunter viele verschiedene Hirsearten finden, z. B. *P. violaceum* mit großen, grünvioletten Blütenständen, ähnlich einem elegant überhängenden, verkehrt stehenden Rutenbesen. Alle Hirsearten, die einjährigen wie die staudigen, sind rechtzeitig zu schneiden, d. h., wenn sich die Fruchtstände gerade ausgebildet haben. Bei späterem Schnitt zerfallen sie sonst in Stengel und Körnchen. Von den staudigen Hirsearten sind gut geeignet: *P. clandestinum*, die Bambushirse aus Nordamerika, ein dichtes, horstbildendes Staudengras von etwa 1–1,50 m Höhe, das im Juli/August blüht und seine braunen Härchen in einer lockeren Rispe trägt, sowie *P. virgatum*, die Rutenhirse, mit großer, lockerer Rispe.

So fing es an: mit gelben Chrysanthemen und braunem Band für herbstliche Feststunden. Grüne Mahonienblätter und rotbackige Zieräpfelchen zur Ergänzung. Blumenstiele verlangen feuchtes Moos.

Zieräpfel, auf Schnur gezogen, übernehmen jetzt die abfließende Bewegung des Bandes. Trockenpilze geben den spätherbstlichen Akzent.

Fruchtzweige für wandelbares Wandgesteck

Adventstimmung durch einfaches Auswechseln: Mahonienblätter gegen Zweige der Spanientanne, die Äpfel gegen gelockte Hobelspäne (anstatt Band). Zur Festzeit kann eine dicke Kerze hinzukommen.

Mit Edeltanne und gleichfarbiger Kerze. Die Grundform geht von den Fruchtzweigen des Essigbaumes (Rhus typhina) aus. Hier die letzte Stufe der Abwandlung in den Weihnachtswochen. ▷

Halt bietet als Hinter- und Untergrund das halbierte Staketenbrett (Balkonbrüstung, vom Hobbyladen). Im unteren Drittel von der Rückseite her als Auflage ein gut handbreit vorstehendes Brettchen annageln und dieses von unten her mit zwei 6-cm-Nägeln für das faustgroße, fest gedrahtete Moospolster versehen.

Von diesem Hirsegras gibt es einige schöne Sorten, z.B. 'Strictum', bis 1,80 m hoch und sehr standfest, oder 'Rehbraun', mit wunderbarer, braunroter Färbung der ganzen Pflanze.

Papaver, Mohn

Mohnkapseln, d. h. die Samen enthaltenden Früchte, gehören zum eisernen Bestand bei der Trockenblumenverwendung. Wir kennen wildwachsende und kultivierte Arten: Seiden- oder Klatschmohn *(P. rhoeas)* einjährig, 30–90 cm hoch, Blütezeit Mai bis Juli, blutrot, dazu viele halbgefüllte und gefüllte Farbsorten; *P. orientale* (Türkenmohn), eine 40–100 cm hohe Staude, die von Mai bis Juni in hervorragend haltbaren, neuen Sorten weiß, rosa oder in verschiedenen Rottönen blüht. Mohnkapseln werden hauptsächlich von *P. somniferum* (Schlafmohn) geerntet. Er wird 30–120 cm hoch. Die Aussaat der einjährigen Arten erfolgt an Ort und Stelle. Stauden müssen gepflanzt werden, da die Anzucht aus Samen zu lange dauert und meist keine schönen Blütenfarben ergibt. Die Kapseln werden geschnitten, wenn sie reif sind und man die Mohnkörner beim Hin- und Herschütteln hört; zu früh geschnitten, schrumpfen die Kapseln beim Trocknen und werden runzelig. (S. auch Vorwort Seite 5.)

Pennisetum, Federborstengras

Wichtig zum Trocknen sind die 5–10 cm langen Ähren mit dichten, weichen Grannen, die ihre rosa Spitzen erst zur Reifezeit verlieren. *P. setaceum (P. rueppellii)* wird 90–120 cm hoch und blüht im August mit 15–25 cm langen, nickenden rosa oder kupferfarbenen Ähren. Für diese Art, ebenso wie für *P. villosum (P. longistylum)*, gilt es, wie bei empfindlicheren Sommerblumen nach Vorkultur auszupflanzen. Als Beispiel für die anderen *Pennisetum*-Arten, die Stauden sind, sei *P. alopecuroides (P. compressum, P. japonicum)* genannt, das seine Ähren von Juni bis September an 30–70 cm langen Halmen trägt. Eine neuere, reich und sehr früh blühende, etwa 60 cm hohe Sorte davon ist 'Hameln'. Alle *Pennisetum*-Arten müssen im Sommer reichlich gewässert werden, damit sich die Ähren gut entwickeln, und alle wollen an sonnigen Stellen mit durchlässigem Boden stehen. Schnitt zum Trocknen vor der Reife, damit die walzige, dicke Ähre nicht zerfällt.

Phalaris canariensis,
Kanariengras oder Spitzsamen

Ist stets im Kanarienfutter enthalten. Sät man es aus, so wächst daraus ein einjähriges, 20–120 cm hohes Gras. Von Juli bis August erscheinen auf den kräftigen Stengeln kurze, zapfenartige, dichtgefügte Ährenrispen. Die Hüllspelzen sind weiß-grün gestreift. Schnitt zum Trocknen vor der Reife.

Phlomis samia, Brandkraut

Diese bis 120 cm hohe Staude hat eiförmige, weich wollig-filzig behaarte Blätter. Die Blüten sind gelb und stehen in zwanzig- und mehrblütigen Quirlen in den Blattachseln wie in Etagen. Bei der Samenreife wachsen auch die Kelche, so daß die Blütenquirle wie auf dem Stengel aufgereihte Halbkugeln aussehen. Zum Trocknen geschnitten wird nach dem Abblühen. Wer Spaß an solchen Pflanzen hat, sollte es einmal mit *P. fruticosa*, einem bis 1 m hohen, strauchigen, immergrünen, nicht winterharten Mittelmeerbrandkraut probieren als Kübelpflanze. Frostfrei, jedoch hell überwintern.

Phyllitis scolopendrium, Hirschzunge
Die wildwachsenden Pflanzen dieses Staudenfarns stehen unter Naturschutz. Im Garten pflanzen wir ihn, damit er sich kräftig entwickelt, an feuchtkühlen, etwas schattigen Stellen, obwohl er notfalls auch an sonnenwarmen, brandigen Stellen mit guter Feuchtigkeitsversorgung wächst, nur eben nicht zu üppig. Es sind viele Sorten im Handel mit unterschiedlich geformten lanzettlichen Blättern und geschlitzten, gewellten Rändern oder Blattspitzen. Die Blätter der Hirschzunge sollte man nur dann pressen, wenn sie völlig ausgereift sind.

Physalis, Lampionblume
Diese Staude ist eine klassische Trockenblume. Während *P. alkekengi* 30–60 cm hoch wird, erreicht *P. alkekengi* var. *franchetii* 1 m und hat schönere, größere »Lampions« – leuchtend rote, aufgeblasene Kelchhüllen, welche die orangefarbenen Beerenfrüchte umgeben. Sobald genügend solche »Lampions« ausgebildet sind, können wir die ganze Pflanze abschneiden, die Blätter entfernen und sie danach zum Trocknen aufhängen. Sollen die Früchte nach der Trocknung in natürlicher Weise an den Zweigen sitzen, sind diese, in Gefäßen aufrecht stehend, zu trocknen. Ein beim Trocknen eingedrückter »Lampion« läßt sich durch das kleine Loch an der unteren Spitze wieder aufblasen. Aber Vorsicht! Sonst war die Mühe vergeblich. »Lampions«, die den Winter über draußen geblieben sind, werden wir im Frühjahr meist als feine Filigrangestalt wiederfinden: Die Stellen zwischen den Nerven sind ausgefault, übriggeblieben ist ein reizvolles Gebilde, das sich gut vergolden und versilbern läßt. Auch im Herbst sind solche filigranen Strukturen zu finden, wenn nämlich die Schnecken im Garten alles sauber bis auf das harte Gerippe abgefressen haben.

Pilze
Pilze liefern nicht nur delikate Mahlzeiten; eine ganze Reihe davon ist auch zäh, ledrig und haltbar genug, um getrocknet mit Trockenblumen zusammen verwendet zu werden. Sehr oft findet man im Wald an Baumstämmen oder Ästen konsolenartige und zuweilen übereinandergetürmte, halbkreisförmige, scheibenartige Pilze. Viele der kleineren Arten gehören zur Gattung *Trametes* (Lederporlinge). Sie sind grau, grünblau, stahlblau, bräunlich oder schwärzlich; also eine sehr gut verwendbare, aparte Formen- und Farbenvielfalt. Auch andere, größere Arten sind für uns brauchbar, so aus der Gattung *Fomes,* zu der der Zunderschwamm und der Fichtenporling gehören. Sie werden bis zu 50 cm breit und kommen an Buchen, der Fichtenporling an anderem Laub- sowie an Nadelholz vor. Schwarzbraun, krautig und nicht ganz so groß werden die Feuerschwämme aus der Gattung *Phellinus.* Wir finden sie an Pappeln, Weiden und Steinobstbäumen. Beim Sammeln von solchen Pilzen für Trockenbinderei sind sie vorsichtig von der Rinde zu lösen oder, wenn sie an kleineren Zweigen sitzen, daran zu belassen und mit diesen zu verwenden. Nach starken Hitzeperioden in heißen Sommern, wie etwa 1976, sind oft Pilzmumien zu finden, die ihre natürliche Farbe und Form durch schnelles Trocknen bewahrt haben, besonders gut bei Parasolen (*Macrolepiota* sp.), Täublingen (*Russula* sp.), dem Falschen Pfifferling *(Hygrophoropsis aurantiaca)* und auch dem schmackhaften Nelkenschwindling *(Marasmius oreades),* also auch wenn ein-

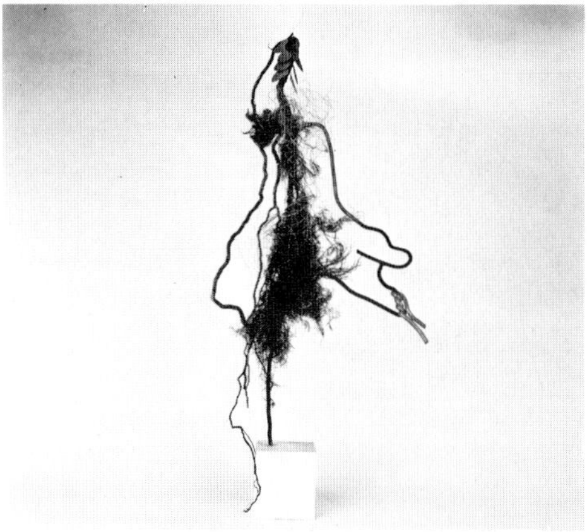

Wurzelverarbeitung, neu gesehen. Skurriles bewußtmachen durch Verfremden. Das verbogene Drahtstück zeigt ähnliche Formbewegung wie gewachsene Wurzel. Unterrichtsbeispiel für Trockenmaterialobjekte. (Ursula Wegener, Fachwerkhof Crailsheim)

Das Trockenblatt der Cycropia (Import) verleiht diesem Wandbild die Hauptwirkung. Beiwerk: Banksien-, Osmundablätter, Dattelranke, Vogelfrucht. Genagelt und geklebt.

Blätter, Ranken, Wurzeln

Lebhafte Großflächen-Gestaltung mit Ranken der wilden Waldrebe, Wurzelstücken und Metallplatten als Kontrast- und Ruhepunkte. (Staatl. Fachschule für Blumenkunst, Weihenstephan)

Unfarbige Trockenteile gewinnen an Ausdruckskraft durch starke Farben im Hintergrund; zeitnah gestaltete Gefäße unterstreichen das Bizarre der Pflanzenteile: Bänderweide, Bromelienrosetten, Tillandsienranken, Trockenblätter. (Staatl. Fachschule für Blumenkunst, Weihenstephan) ▷

mal die Pilze nicht mehr in dem Stadium für ein lukullisches Mahl sind.

Plantago major, Breitwegerich
Ein verbreitetes, je nach Standort 10–40 cm hoch werdendes Unkraut. Es blüht von Juni bis Oktober. Die langen, walzlichen Ähren des Wegerichs schneiden wir, wenn sich die Samenkapseln ausgebildet haben. Ausfallende Samen als Vogelfutter im Winter aufheben!

Polygonum affine, Knöterich
Diese Gartenstaude gedeiht und blüht hervorragend, wenn sie an warmen, wasserdurchlässigen Stellen – ohne Winternässe – im Garten gepflanzt wird. Die rosaroten Blütenähren, die den ganzen Sommer über erscheinen, lassen sich, voll erblüht geschnitten, gut trocknen. Sie behalten dabei die Blütenfarbe und sind für kleine Gestecke hervorragend zu verwenden.

Proboscidea louisianica, Gemshorn, Paradiesvogel oder Vogelfrucht
Mitglied einer tropischen Familie, das wir nach der Art der anspruchsvollen Sommerblumen kultivieren und Anfang Juni an die geschützteste und wärmste Stelle des Gartens pflanzen. Dort entwickelt die einjährige Pflanze in einem warmen Sommer ein üppiges Wachstum mit bis zu 30 cm großen, klebrig-drüsig behaarten Blättern und 4–5 cm großen, creme- bis purpurfarbenen Blüten im Juli bis August. Die Pflanzen werden bis 1 m hoch und zeigen von September an die skurrilen, einem Gemshorn ähnlichen Früchte: ein dicker, 10 cm langer, walzenförmiger Teil mit zwei 15–30 cm langen, in eine dünne, gebogene Spitze auslaufenden Hörnern. Sobald sie voll ausgebildet sind, werden diese »Gemshörner« geerntet und dann getrocknet.

Pseudotsuga menziesii, Douglasie
Ein sehr raschwüchsiger, anspruchsloser Baum mit breiten langen glänzenden, dunkelgrünen Nadeln und im Alter weit ausladenden Ästen. Seine Zweige eignen sich gut zur Glyzerin-Präparierung.

Pteridium aquilinum, Adlerfarn
Staudiges, bis 4 m hohes, weltweit verbreitetes Unkraut. Der sommergrüne Farn läßt sich gut trocknen, das heißt pressen. Man muß ihn zwischen unbedrucktes Zeitungspapier legen und die Wedel ebenfalls mit Papier voneinander trennen. Um ihn flach zu pressen und gleichmäßig zu beschweren, kann man das ganze unter den Teppich legen. Adlerfarn wird gepreßt und gefärbt gehandelt und kommt dann meist aus Australien oder anderen Ländern, obwohl er bei uns fast vor der Tür wächst.

Ptilotus manglesii, Haarschöpfchen
Dieses staudige, bei uns einjährig gezogene Gras wird auch unter dem Namen »*Trichinium manglesii*« in den Samengeschäften gehandelt. Kultur wie eine anspruchsvolle Einjahrsblume. Es ist 15–25 cm hoch und blüht von Juni bis August mit dichten, bis 2 cm dicken Ähren. Die Einzelblüten haben purpurrote Spitzen und werden im ganzen von vielen silberweißen Haaren überdeckt. Zum Trocknen wird geschnitten, wenn die Ähren voll erblüht sind.

Pulsatilla, Kuh- oder Küchenschelle
Es sind Stauden mit kräftigem Wurzelstock, deren Austrieb im zeitigen Frühjahr seidig behaart ist. Die violetten, hellroten,

dunkelroten oder weißen Blütenglocken erscheinen im März bis April auf 10–30 cm hohen Stielen. Aus den 7–8 cm großen Blüten werden nach dem Samenansatz kleine, puderquastenähnliche Fruchtstände: die Griffel der einzelnen Fruchtknoten verlängern sich, und es wachsen daran federartige Haare. Der Schnitt dieser zierlichen Fruchtstände muß sehr früh erfolgen, da sonst beim Trocknen der ganze Samenstand auseinanderfällt. Die wild vorkommenden Küchenschellen stehen unter Naturschutz, wir können aber in den Staudengärtnereien viele Sorten kaufen und in unserem Garten pflanzen.

Pyracantha, Feuerdorn
Diesen kräftig wachsenden, in milden Wintern immergrünen Strauch verwenden viele für Hecken. Dabei verzichtet man dann auf den reichen Beerenschmuck, den frei wachsende Sträucher im Herbst zeigen. Es gibt viele Sorten, so z.B. ‘Kasan’ mit leuchtend mennigroten Früchten oder ‘Orange Charmer’ mit orangefarbenen Früchten oder ‘Golden Charmer’ mit goldgelben Früchten. Die beerentragenden Zweige sind für Glyzerinbehandlung geeignet. (S. auch Vorwort Seite 5.)

Reseda luteola, Färberwau
Eine zweijährige, bei uns früher zum Gelbfärben verwendete Pflanze von Schuttplätzen und Wegrändern. Sie wächst steif aufrecht und hat 60–120 cm hohe, wenig verzweigte Stengel mit spatelförmigen, ungeteilten Blättern. Die Blüten sind blaßgelb und unbedeutend. Die Kapselfrüchte liegen dem Stengel eng an. Sie sind beim Reifwerden meist an der Spitze offen und orange gefärbt. Vor dem vollen Ausreifen der Samen schneiden wir die Stengel zum Trocknen.

Rhinanthus, Klappertopf
Eine Gattung mit wenigen, aber sehr formenreichen Arten. Sie sind einjährig und Halbschmarotzer auf Gräsern. Am weitesten verbreitet sind *R. minor* (Kleiner Klappertopf), *R. glaber* (Großer Klappertopf), *R. angustifolius* (Grannenklappertopf) und *R. alectorolophus* (Zottiger Klappertopf). Die Klappertöpfe werden 5–40 cm hoch, und die meisten haben eine wenig verzweigte Sommerform, die von Mai bis Juni blüht, und eine reichverzweigte Herbstform, die von August bis September blüht. Ihren Namen haben sie davon, daß bei den in Ähren oder Trauben stehenden Blüten bei der Samenreife der Kelch blasig aufgetrieben wächst und die losen Samen darin beim Bewegen des Stengels klappern. Wir schneiden die Fruchtstände, wenn sie reif sind.

Rhus typhina, Hirschkolbensumach oder Essigbaum
Stark verzweigter Strauch mit großen, unpaarig gefiederten Blättern, die sich bei ausgelesenen Sorten und auf trockenen Böden im Herbst leuchtend rot färben. Sie zerfallen dabei in die Mittelrippe und die Fiederblättchen, so daß das Pressen und Verwenden als Trockenmaterial schwierig ist. Im Juni/Juli erscheinen an den weiblichen Pflanzen die rotbraunen, zottig behaarten, verdickten Blütenstände. Sie bleiben bis in den Winter erhalten und können beim Ausreifen, das heißt etwa zur Zeit des Laubfalls, geschnitten und getrocknet werden. Man muß also darauf achten, daß man weibliche Pflanzen kauft, oder man wird sich halt beim Nachbarn, der glücklicherweise eine solche hat, von den reichlich erscheinenden Austrieben im Wurzelbereich einen für den eigenen Garten erbitten.

Fruchtdolden der Vogelbeere, strahlenförmig überragt von Hasenschwanzgras, weich überhängendem Plattähren- und geradstengeligem Silberfahnengras. Als Unterlage ein Set aus Spanstreifen in Dunkelbraun, beschichtet.

Gartenstauden und Staudengräser aus dem Garten. Braune Dolden der Fetthenne stärken optisch die Steckmitte. Darüber Schafgarbe in sattem, aufhellendem Gelb und hoch aufragende Silberfahnengräser, dazwischen Sibirische Iris und Morgensternsegge. Auf Zinnteller.

Garten- und Wildgräser

Vom dunkelblauen Unter- und Hintergrund hebt sich das duftige Gräsergesteck vorteilhaft ab: Silberfahnengras und Grannenhafer. Als Mittelpunkt Dolden der Fetthenne. Flechtkorb der Staatl. Fachschule für Korbflechterei, Lichtenfels.

Vom Wiesen- und Wegrand kommen die Doldenstiele des Wiesenbärenklau und die überhängenden Wildgräser. Die nach unten abschließenden Steinbrocken kennzeichnen den Standort. Auf Messingplatte. ▷

Ricinus, Wunderbaum oder Palma Christi
Von *R. communis*, den wir schon seit dem 16. Jahrhundert als Gartenpflanze kennen, ist die Vorkultur in der Art der empfindlicheren Einjahrsblumen erforderlich. An geschützter Stelle ausgepflanzt, reichlich gegossen und gedüngt, überrascht er dann mit seiner wahrhaft tropischen Wuchskraft während des Sommers. Die bohnengroßen Samen, die sehr reizvoll aussehen, sollten wir nicht zu Ketten verarbeiten, da sie sehr giftig sind. *Ricinus* ist die mächtigste Blattpflanze, die wir mit der Sommerbepflanzung verwenden können. An Sorten seien empfohlen 'Zanzibariensis', 2–3 m hoch, leuchtend grünblättrig, oder 'Gibsonii', 1,5 m hoch, mit rötlichem Stamm und rötlichen Blättern. In warmen Sommern blühen die Pflanzen und tragen dann einen bizarren Fruchtstand, der sich oft kräftig rot ausfärbt und vor der Reife getrocknet wird, damit keine reifen Samen in Kinderhände fallen.

Rosa, Rose und Hagebutte
Neben den wegen ihrer Blüten kultivierten Rosensträuchern gibt es einige Arten, deren Früchte, die Hagebutten, besonders farbenprächtig oder interessant geformt sind: *R. canina* (Hecken- oder Hundsrose) blüht von Mai bis Juli. Ihre scharlachroten, eiförmigen bis kugeligen Hagebutten können wir sowohl frisch als auch getrocknet zu Herbstgestecken nehmen. Sie schrumpfen zwar etwas ein, behalten jedoch ihre Farbe. Für uns interessante Arten aus dem Garten sind: *R. moyesii,* eine bis 3 m hohe Strauchrose mit 5–6 cm großen blutroten Blüten ab Juni; die Hagebutten sind krugförmig, etwa 6 cm groß und orangerot; *R. sweginzowii* 'Macrocarpa', eine bis 3 m hohe Strauchrose; sie blüht ab Juni mit hellrosa Blüten und ist ab August mit besonders großen Hagebutten besetzt (bis 6 cm lang und 2 cm breit). Sobald die Früchte voll ausgereift sind, können die Zweige für die Vase geschnitten werden. Sie halten sich allerdings nur begrenzte Zeit.

Rudbeckia, Sonnenhut
Alle Arten und Sorten gehören zu den dankbarsten Rabatten- und Schnittstauden. Die einzelstehenden Blütenköpfe schneiden wir voll erblüht in der Zeit vom Juli bis Oktober. Die kegelförmigen Blütenböden sind grüngolden, gold- oder schwarzbraun, die Zungenblüten gelb bis braun in den verschiedensten Schattierungen. *R. purpurea* siehe *Echinacea.*

Rumex, Ampfer
Bei uns wachsen viele Ampferarten wild. Es sind 50–200 cm hohe Stauden, deren Früchte – kleine, zu vielen stehende geflügelte Nüßchen – sich im Juli bis August ebenso wie die Stengel des locker verzweigten Blütenstandes rötlich oder kupfern färben. Sobald die Färbung den erwünschten Grad erreicht hat, kann geschnitten werden. Besonders geeignet dafür sind Arten mit großen, pfeil- oder herzförmigen Grundblättern, die auf Wiesen, an Waldrändern oder in Gebüschen vorkommen: *R. obtusifolius* (Stumpfblättriger Ampfer) und *R. hydrolapathum* (Flußampfer). Geeignet sind auch *R. acetosella* (Kleiner Ampfer), der auf Brachland, Sandfeldern und Kahlschlägen wächst, und *R. acetosa* (Großer Ampfer).

Ruscus, Mäusedorn
Dieser kleine Strauch, der südlich der Alpen vorkommt, kann bei frostfreier Überwinterung als Kübelpflanze kultiviert werden. Er hat eine botanisch sehr inter-

essante Eigenart: Er besitzt keine Blätter, sondern Phyllokladien; das sind Seitenzweige, die sich in blattähnliche Gebilde mit einer stacheligen Spitze umgewandelt haben. Damit findet auch das Erscheinen der Blüte eine Erklärung, die also nicht mitten aus einem Blatt, sondern aus einem Stengel wächst. Ausgereifte Zweige können geschnitten werden; sie halten sich nach dem Trocknen tadellos. Färben, vergolden oder versilbern ist gut möglich.

Scirpus, Simse
Staudige Sauergräser mit zum Trocknen geeigneten Blüten- und Fruchtständen. Beispiel sei hier *S. holoschoenus,* die Kopf- oder Kugelsimse. Sie wächst an sandigen Ufern und Sumpfstellen und zeigt von Juli bis August an 30–120 cm hohen Stengeln ihre Blütenähren. Diese sitzen an den Stengelenden entweder als kugelige Köpfchen oder hängen langgestielt herab. Ein oder mehrere lange Hüllblätter überragen diesen Blütenstand. Sowohl während der Blüte als auch vor der Samenreife kann zum Trocknen geschnitten werden. Viele andere *Scirpus*-Arten sind in gleicher Weise geeignet.

Scrophularia, Braunwurz
Bei uns wild vorkommende Stauden, die 50–200 cm hoch werden und an Waldrändern, in Gebüschen und auch auf feuchten Wiesen wachsen. Sie blühen in einem locker verzweigten Blütenstand, den man als Trugdolde bezeichnen könnte, von Mai bis September. Zur Verwendung mit Trockenblumen ist der ausgereifte Samenstand der Pflanze geeignet. Er wird vor dem Ausfallen der Samen aus den Kapselfrüchten geerntet und getrocknet.

Sedum, Fetthenne
Neben den flach wachsenden, bodenbedeckenden *Sedum*-Arten gibt es eine horstähnlich wachsende Staude aus China, es ist *S. spectabile,* die mit mehreren Sorten in unseren Gärten verbreitet ist. Sie wird 20–30 cm hoch und hat eiförmig, blauweiß bereifte sukkulente Blätter. Die Blüten sind rosa, rot oder dunkelpurpur und stehen in flachen Trugdolden. Wir schneiden für Trockengesteckverarbeitung die Fruchtstände, wenn sie trocken werden, aber noch nicht zu dunkelbraun gefärbt sind. Von den niedrigen bodendeckenden Arten lassen sich auch vielfältige kleine Fruchtstände nach der Samenreife pflücken.

Senecio bicolor, Silbergreiskraut
Eine bei uns einjährige, mit Vorkultur gezogene Staude, die in wintermilden Gegenden manchmal ausdauert. Die Blätter sind fiederteilig und in jungem Zustand dicht grauweiß filzig. In schönen Sommern erscheinen auch die gelben Blüten in großen, vielköpfigen Blütenständen. Zwei niedrig bleibende, gut silberweiß behaarte Sorten sind 'Rauhreif' und 'Silberzwerg'. Neben dem Wollziest und der Wollnachtkerze ist dies der beste Lieferant von silberweißen Blättern.

Setaria, Kolbenhirse
Aus dem Hirsevogelfutter erwachsen auch manchmal zwei interessante Kolbenhirsearten, so *S. pumila (S. glauca)* mit walzenförmigen, überhängenden Fruchtständen in graugrüner Farbe mit langen Grannen; *S. machrochaeta* ist mehr eine Borstenhirse mit kleinen, überhängenden, würstchenartigen Fruchtständen. Beide sind einjährig und werden etwa 100 cm hoch. Vorkultur wie bei empfindlicheren Som-

Tischdekoration mit Ackerhellerkraut und ausgezupften Fruchtböden der Eselsdistel, dazu Efeublätter. Untergrund: schwarze Glasplättchen (Sudetendeutsche Glashütten, Kaufbeuren-Neugablonz) auf orangefarbenem Stoff.

Zum Zinngefäß (Fa. H. Buchrucker, Ludwigsburg) ein kompakt gebundener Kleinstrauß aus Kletten, wilder Möhre und Vogelbeerdolden. (Michael Sibert, Ludwigsburg)

Kraut und Unkraut

Wildwachsender Kleiner Bärenklau im weihnachtlichen Gesteck. Holzscheit mit Spitzkerzen (in Bohrlöchern von Kerzenstärke), Schwarzkiefernzweigen und Wachskugeln. Auf Moosball gesteckt, auf das Scheit genagelt. (Blumenhaus Kamann, Frankfurt)

Wegerich für eine Tischdekoration (Ausschnitt). Der ▷ Pfiff: Kerzen und Tischtuch im gleichen Farbton. Das leuchtende Gelb belebt das Braun der Pflanzen: Breitwegerich (schmalrispige Fruchtstände und durch Trocknen verformte Blätter), Mahonienbeeren, Eichelfruchtböden, Bucheckernhüllen. Gruppen aus zwei und drei aneinandergefügten Glasplättchen, jedes mit einem Gesteck; alle Gruppen zusammen bilden eine Einheit. Gesteckt auf knetbarer Steckmasse.

merblumen ist zu empfehlen, es sei denn, wir haben wieder einen ausgesprochenen warmen Sommer. Übrigens, die Kolbenhirse, die in Kolbenform an die Wellensittiche verfüttert wird, ist *S. italica*.

Sisymbrium officinale, Wegrauke
Dieses Unkraut der Schuttplätze und trokkener, öder Stellen wird 30–60 cm hoch. Wenn die kleinen Blütchen dieser einjährigen Pflanze verblüht sind, legen sich die ½–1 cm großen Schötchen eng an die Stengel an. Die ganze Pflanze wird zu diesem Zeitpunkt tief stahlblau bis rötlichviolett; jetzt sollte sie geschnitten und getrocknet werden.

Solidago, Goldrute
Viele Sorten der mit ihrer Wildart bei uns verwilderten Staude werden in den Gärten gezogen. Auf 50–200 cm hohen Stielen sitzt ein vielfach verzweigter Blütenstand, dessen Seitenäste dicht mit kleinen gelben Blütenköpfchen besetzt sind. Man kann diese Blütenstände schneiden und trocknen, wenn sie gerade erblüht sind. Bei zu frühem Schnitt fallen Knospen ab, und bei zu spätem Schnitt werden die Köpfchen braun. Der im abgeschnittenen Stengel verbliebene Saft reicht aus, um in den Blütenköpfchen reife Samen zu entwickeln. Die Blütezeit der Goldrute dauert von Juni bis September.
Ein bewährtes Verfahren: Im Frühsommer alle Goldrutenstengel bis zum Boden zurückschneiden. Das bringt an dieser Stelle eine zwar etwas schwächere und niedriger bleibende, aber doch 4–6 Wochen spätere Blüte. Einige interessante Sorten sind: 'Goldmosa', etwa 80 cm hoch, goldgelbe große Rispen; 'Golden Shower', 80 cm hoch, mimosenartige, goldgelbe Blütenzweige; 'Strahlenkrone', 180 cm hoch, mit großer, flacher, goldgelber Blütenkrone. Wild bei uns wächst *S. virgaurea*, die fast voll aufgeblüht geschnitten getrocknet werden kann.

Sorbus, Eberesche oder Vogelbeerbaum
Neben einer ganzen Reihe von Gartensorten mit verschiedenfarbenen Beeren ist bereits im August *S. aucuparia* mit prächtig korallenrotem Beerenschmuck verfügbar. Die einzelnen Früchte stehen in dichten, großen Doldenrispen. Diese leuchtenden Büschel gehören mit zu unserem wertvollsten Dekorationsmaterial; sie sind für frische wie für trockene Gestecke geeignet. Die Beeren lassen sich ausgezeichnet trocknen; wir können es aber auch mit einer Glyzerin-Lösungs-Behandlung versuchen. Die Beeren verlieren etwas an Leuchtkraft, bleiben aber auffallend rot gefärbt. Am günstigsten schneidet man die einzelnen Fruchtstände, bevor die Beeren vollreif sind. Sie werden gebündelt und zum Trocknen in den Schatten gehängt. (S. auch Vorwort.)

Spartina pectinata (S. michauxiana) 'Aureomarginata', Goldbandleistengras
Ein 100–150 cm hoch werdendes, elegant überhängendes Staudengras mit schmalen, goldgelb geränderten Blättern. Schneiden, wenn das Gras zu blühen beginnt oder, für Halme ohne Blüte, wenn die Blüten ausgereift sind. In Gefäßen stehend trocknen, damit die elegante Blattstellung erhalten bleibt. Gut geeignet für große Gestecke.

Stachys byzantina (S. olympica, S. lanata), Wollziest oder Eselsohren
Diese Staude gedeiht gut auf trockenen, mageren Böden und bildet mit ihren weißfilzigen Blättern eine dichte Bodendecke.

Im Juni bis Juli treibt sie ihre 30–50 cm hohen Blütenstengel, die ebenfalls dicht mit silberweißen Haaren bedeckt sind. Blütenstengel und Blätter lassen sich leicht trocknen und bleiben leuchtend silbergrau. Auch eine Glyzerin-Behandlung ist möglich, jedoch werden die Blätter dabei wesentlich dunkler.

Stipa, Pfriemen- oder Federgras
Wildwachsende Arten unter Naturschutz. Diese Staudengräser brauchen bei einer Pflanzung sandige, warme Standorte, damit sie ihre volle Schönheit entfalten. *S. pennata* (Flauschfedergras) ist 40–60 cm hoch und blüht Mai/Juni. Im Juni/Juli reifen dann die etwa 20 cm langen, federig behaarten Grannen, die an die Schwanzfedern der in Neuguinea beheimateten Paradiesvögel erinnern. *S. capillata* (Büschelhaargras) blüht von Juni bis Juli und wird 80–100 cm hoch. Die im Juli bis August reifenden Grannen sind unbehaart. Sehr ähnliche, geeignete Arten sind auch *S. barbata* (Reiherfedergras), 60–80 cm, und *S. gigantea* (Riesenfedergras), 100–150 cm hoch, mit 20–30 cm langen Grannen. *Stipa*-Halme schneidet man, sobald die Grannen sichtbar werden. Bei der Reife fallen die Körner mit den Grannen aus. Da sie groß genug sind, können sie auch einzeln verwendet werden.

Tagetes, Studenten- oder Samtblume
Diese Gattung aus der Familie der Korbblütler gehört zu unseren vielfältigsten und besten Sommerblumen. Es sind Kräuter mit fiederteiligen Blättern und großen oder kleinen, einzeln oder zu vielen zusammen stehenden Korbblüten. Sie lassen sich als Schnittblumen verwenden. Heute gibt es schon viele Sorten ohne den diesen Pflanzen eigenen, strengen Geruch – der Nachteil ist dann allerdings, daß die Kaninchen diese nicht mehr »riechenden« Pflanzen herausfinden und fressen. Die Pflanzung der kleinblumigen Sorten (*T.*-Patula-Hybriden) oder deren direkte Aussaat an Ort und Stelle hat den Vorteil, daß durch Ausscheidungen der Wurzeln die Älchen, die vielen Pflanzen großen Schaden zufügen, dezimiert werden. Die großblumigen Sorten (*T.*-Erecta-Hybriden) werden bis 1 m hoch und bringen bis zu 10 cm große Einzelblumen hervor. Sorten aller dieser Gruppen sind für Kieselgeltrocknung geeignet und bieten ein klein- und großblumiges Material von hellem Zitronengelb über sattes Gelborange und Samtbraun Farben bis dunklem Braunrot. Bei den *T.*-Erecta-Hybriden ist eine Vorkultur in der Art der empfindlicheren Einjahrsblumen notwendig.

Tang
Einige als Trockenblumen präparierte Tangarten bekommt man in Bastelgeschäften zu kaufen; vom Urlaub an der See können wir selbstgesammeltes Material mitbringen. Es bleibt jedem selbst überlassen, ob er es in der gefundenen Form oder auch gefärbt verwendet. Sollte es trocken geworden sein, feuchtet man es vor dem Transport an, damit es unterwegs nicht zerbricht und zerkrümelt.

Thlaspi arvense, Ackerhellerkraut
Ein einjähriges Unkraut unserer Felder und Gärten aus der Familie der Kreuzblütler. Die reifen Schoten dieses verzweigten Kräutleins sind 1–2 cm groß und kreisrund. Sie stehen in Trauben an den Zweigenden. Die Stengel werden geschnitten, wenn die Schoten augereift, aber noch grün sind. Unbedingt im Schatten trocknen.

Sternform aus Weizenähren, Strandhafer, Gartenstrohblumen und Sonnenflügel. Auf Pappscheibe geklebt, am Trachtenband aufgehängt.

Weizensterne auf rotem Bortenband, geeignet für Wand und Tisch. In der Mitte Strohblumen und Limonium. Pappscheiben als feste Unterlage dem Band aufgenäht, darauf die Sternformen geklebt.

Getreide und Stroh (1)

Altes Butterfaß mit Getreide und Blumen herbstlicher Ernte: Gelbe Schafgarbe, Gartenstrohblumen, Hafer, Roggen und Weizen.

Rauchgersten-Sonne, aufgehängt an blaulila Band. ▷ Elegante Strahlenwirkung wurde hier erzielt durch die Anordnung der Ähren. Mittelkranz mit blauem und weißem Limonium, Papierknöpfchen und rosa Sonnenflügel. Auf Pappscheibe geklebt. (Alle Arbeiten auf dieser Seite: Helga Schneider, Mainleus)

Tilia, Linde
T. platyphyllos (Sommerlinde) und *T. cordata* (Winterlinde) behalten ihre doldenartigen, zierlichen Fruchtstände bis spät in den Herbst hinein; sie sitzen lange fest an den Zweigen. Wir schneiden sie erst, nachdem die fahlbraunen Nüßchen hartschalig geworden sind, also sicher nicht vor Ende September. Auch Lindenzweigen bekommt eine Glyzerin-Behandlung gut: sie werden dadurch viel haltbarer.

Trifolium arvense, Hasenklee
Der Hasenklee blüht von Juni bis August und wird, je nach Standort, 8–30 cm hoch. Wir finden ihn an sehr trockenen Stellen wie Bahndämmen, auf Sand- und Kiesfeldern und auf sandigen Äckern. Die getrockneten zottigen Blütenköpfe von zylindrischer Form sehen aus wie winzige graue Hasenschwänzchen. Wir schneiden die verzweigten Stengel, wenn sie schon halbwegs trocken sind.

Typha, Rohrkolben
Diese Staudengräser sind Wasser- oder Sumpfpflanzen von schilfartigem Aussehen. Die Pflanze blüht in einem walzenförmigen endständigen Kolben. Diese »Lampenputzer« sind braun und werden geerntet, bevor sie sich ausgefärbt haben. Damit sie bei der Verarbeitung sich nicht in die braunwolligen Einzelsamen auflösen, kann man sie mit Haarspray oder durch Tauchen in Wasserglas haltbar machen. Unser einheimischer Rohrkolben *T. latifolia* hat die größten Kolben. Wesentlich zierlicher und feiner sind *T. angustifolia, T. laxmannii* und *T. minima,* der kleinste für unser Sumpfbeet, den man sogar in einer kleinen Schüssel wachsen lassen kann.

Uniola latifolia, Plattährengras
Ein 80–120 cm hohes, im August blühendes Staudengras. Kleine, ganz flache Ährchen sitzen an den vielen Ästen der bei der Reife leicht überhängenden Rispe. Geschnitten wird das Plattährengras, sobald sich die Ährchen voll ausgebildet haben, aber noch nicht reif sind.

Verbascum, Königskerze
Viele Arten dieser zweijährigen Pflanze kommen bei uns wildwachsend vor. Sie besitzen mehr oder weniger kandelaberartig verzweigte, 1–2 m hohe Blütenstände. Sie blühen im Juli bis August. Interessant für die Trockenverarbeitung sind diese Fruchtstände, bevor die feinen Samen aus den Kapseln gefallen sind. Man kann die Fruchtstände auch so behandeln, daß die Kapseln bis auf geringe Reste entfernt werden. Eigenartig zum Trocknen ist *V. bombyciferum,* eine Königskerzenart, die am Olymp zu Hause ist. Sie ist ganz dicht silberweiß-wollig behaart. Die ebenfalls silberweißen Blätter der sich im ersten Jahr bildenden Rosette kann man auch trocknen und gut verwenden. *V. bombyciferum* muß im Garten ausgesät werden und bildet, wie alle anderen Nachtkerzen auch, im ersten Jahr eine Rosette und blüht dann im zweiten Jahr. Übrigens sollte man sich den Samen zur Neuaussaat immer wieder kaufen, da alle Königskerzen und auch Nachtkerzen sich leicht untereinander kreuzen und deshalb oft wesentlich weniger schöne Nachkommen haben.

Wurzeln
Wurzeln sind brauchbare Requisiten. Sie dienen als Grundlage oder Unterlage für Trockenblumenarbeiten und oft auch, wenn sie besonders fein oder skurril aus-

gebildet sind, als charakteristischer Bestandteil des Gestecks. Zum Sammeln muß man mit offenen Augen durch Felder, Wiesen und Gärten gehen. Geeignetes Material liefern ganz besonders Wein- oder Rebstöcke, Wacholder, Kiefern, Tamarisken. Tamariskenwurzeln kann man gebleicht in vielfältiger Form von einem Mittelmeerurlaub mitbringen. Auch von vielen anderen Gehölzen sind die Wurzeln brauchbar, so etwa, wenn sie um oder über einen Stein gewachsen sind oder anderweitig von der normalen Form abweichen. Oft muß man mit Schere oder Messer der Form nachhelfen; auch durch Entfernen der Rinde erzielt man interessante Effekte.

Xeranthemum annuum, Papierblume

Diese einjährige, von Juli bis September blühende Pflanze ähnelt sehr einer Kornblume. Sie hat einzelnstehende, langgestielte Blütenköpfchen mit weißen oder purpurfarbenen, papierähnlichen Hüllblättern. Das grau behaarte Kraut wird 30–100 cm hoch. Für das Trocknen wichtig sind gefüllte Sorten, die sich besonders gut dazu eignen. Geschnitten werden muß sofort nach dem Aufblühen, da später geschnittene Blüten sich beim Trocknen oft bräunlich färben. Die bläulichen Blüten können durch Tauchen in verdünnte Säure rot gefarbt werden.

Zapfen

Zapfen sind die Fruchtstände von Nadelhölzern. Wir können einzelne Zapfen sammeln von *Picea* (Fichte) und *Pinus* (Kiefer). Nicht möglich ist dies bei *Abies* (Tanne), da hier von den aufrechtstehenden Zapfen bereits am Baum die Schuppen abfallen und nur der stengelartige Mittelteil übrigbleibt. Mit Zapfen besetzte Zweige können wir von *Larix* (Lärche) schneiden. Nicht geeignet sind *Pinus strobus* (Seidenföhre, Weymouthskiefer) und *Pseudotsuga* (Douglasie), da ihre Zapfen sehr harzig sind. Fichten- und Kiefernzapfen sind auch, wenn das Eichhörnchen davon nur noch den »Butzen« übriggelassen hat, wie geschaffen für uns.

Zea mays, Mais

Neben der für die Körnergewinnung oder Grünfutterzwecke angebauten Vielzahl von Maissorten gibt es einige, die durch ihre interessant gefärbten Körner für dekorative Zwecke gut geeignet sind. Beispiel: Die Sorte 'Amero', die etwa 1,80 m hoch wird. Ihre Körner sind von Gelb bis zu dunklem Braunrot gefärbt. Die Körner sitzen an blattachselständigen Kolben. Werden die Kolben mit den Blütenhüllblättern geerntet, so kann man diese mit den gelben Hüllblättern zu blütenähnlichen Gebilden formen. Wer an buntblättrigem Mais Spaß hat, sollte die Sorte 'Gigantea Quadricolor' nehmen, deren Blätter rosagelb und weiß längsgestreift sind. Die Aussaat von Mais erfolgt Anfang Mai an Ort und Stelle, doch ist eine Vorkultur erprobtermaßen nützlich, da man dann wesentlich kräftigere und besser ausreifende Pflanzen und Maiskolben erhält.

Zinnia, Zinnie

Zinnien sind weit verbreitete, obschon recht wärmebedürftige Sommerblumen aus der Familie der Korbblütler. Alle Arten und Sorten brauchen eine Vorkultur wie empfindliche Sommerblumen. Eine Vielfalt von chrysanthemen- oder dahlienblütigen oder einfachblühenden Sorten mit einem Farbenspiel von Weiß über Gelb, allen Rottönen bis zu dunklem Blutrot und bläulichem Violett ist im Handel.

Elegante Sternform aus Weizen an langem Halm. Über Nacht eingeweicht und feucht über einen Holzring geknüpft; zum Trocknen auf Papier ausgelegt. (Helga Schneider, Mainleus)

Sonnenscheiben aus Weizenstroh, ebenfalls eingeweicht über einen Holzring geknüpft. Die aus feuchten Halmen geflochtenen Ringe werden nach dem Trocknen auf die getrockneten Sonnen geklebt. (Helga Schneider, Mainleus)

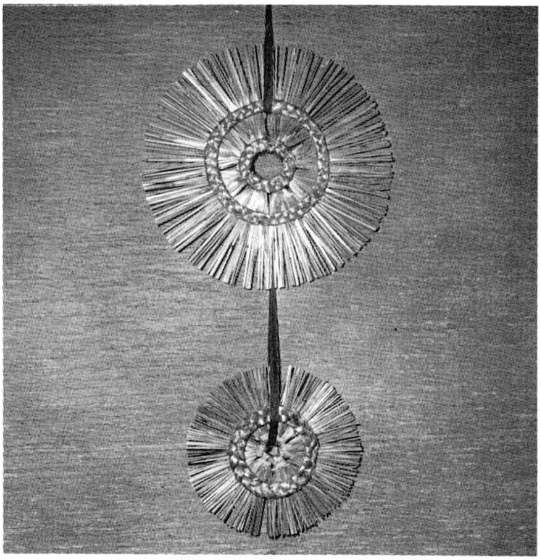

Getreide und Stroh (2)

Küchenschmuck an der Wrasenhaube. Roggen am Halm, Mohn mit Stielen, Limonium und Strohblumen (gedrahtet) zu einem locker angelegten Kranz auf Drahtreifen mit Wickeldraht gebunden. (Blumenhaus Kamann, Frankfurt)

Strahlensonne aus Gerstenähren mit langen Grannen; Mitte aus Mäusedornblättern, Strohblumen und gelben Immortellen. An olivgrünem Band vor der Tür eines alten Schrankes, auf Pappscheibe geklebt. (Helga Schneider, Mainleus) ▷

Die Blumen sind alle gut geeignet, mit Kieselgel getrocknet zu werden.

Zweige

Zweige sind dauerhafte, verholzte Pflanzenteile. Wir verwenden sie mit oder ohne Blätter, mit oder ohne Früchte. Wichtig sind dabei Wuchs, Stachelung und Dornung, Form und Farbe der Rinde. Als Beispiele für sehr ausgefallenen Wuchs wären zu nennen: *Corylus avellana* 'Contorta' (Korkenzieherhasel), *Robinia pseudoacacia* (Robinie, Scheinakazie) *Salix matsudana* 'Tortuosa' (Zickzack-, Korkenzieherweide) und *Salix* 'Setsuka' (Drachenweide) mit breit verbänderten Trieben. Für Ikebana-Arbeiten benötigen wir gebogene Weidenzweige; dafür eignen sich besonders Arten mit gut biegsamen Zweigen, wie sie die Korb- oder auch die Trauerweide besitzen. Die Weidenzweige werden geschält, gebogen und zusammengebunden. Vor dem Trocknen bleiben sie so einige Zeit im Wasser liegen. Wenn wir sie dann aufbinden, bleiben die Biegungen in lockerer Form erhalten. Ähnlich kann man auch mit Zweigen von *Cytisus scoparius* (Besenginster) verfahren. Man nimmt ganze Zweige, biegt und bindet sie und läßt sie so trocknen. Eine bestimmte Form von Zweigen wird bei den Blumenbindern als »Ranken« bezeichnet. Es sind die wenig verholzten, langen elastischen Triebe, z.B. von *Clematis*-Arten oder auch von *Vitis* (Wein). Die im botanischen Sinne Ranken genannten Organe oder umgewandelten Blätter können ebenfalls für kleine Gestecke verwendet werden, so *Cobaea* (Glockenrebe).

Manche Zweige sind auch wegen ihrer Stacheln und Dornen für die Verwendung in Trockengestecken geeignet. Dabei sollte man sich daran erinnern, daß Stacheln harte, stechende Auswüchse der Oberhaut an Blättern und Stengeln sind und Dornen umgewandelte Blätter oder Zweige mit stechender Spitze. Beispiel für interessante Bestachelung sind viele Rosenarten, die ja nach dieser botanischen Definition keine Dornen, sondern Stacheln besitzen. Musterbeispiel dafür ist *Rosa omeiensis* f. *pteracantha* (Stacheldrahtrose). Von unseren heimischen Pflanzen mit Dornen wären hier stellvertretend zu nennen: *Malus* (Wildapfel) und *Prunus spinosa* (Schlehe). Wer zufällig Dornenzweige von *Gleditsia japonica* oder *G. triacanthos* (Christusdorn) schneiden darf, wird diese Stachelgebilde wegen ihrer bizarren Schönheit gerne verwenden.

In der freien Natur und in den Gärten fallen uns besonders im Winter, wenn sie ohne Laub sind, viele Sträucher und Bäume wegen der kräftigen Färbung ihrer Rinde auf. Der in vielen Gegenden heimische *Cornus sanguinea* (Hartriegel) hat eine rötliche Rinde, seine Verwandten *C. alba* 'Sibirica' (Feuerhartriegel) eine leuchtend scharlachrote und *C. stolonifera* 'Flaviramea' (Goldhartriegel) eine hellgelbe. Intensiv grün ist *Kerria japonica* (Ranunkelstrauch). Dottergelbe Zweige finden wir bei *Salix alba* 'Tristis' (Trauerweide) und *S. alba* 'Vitellina' – sie heißt deshalb auch Dotterweide.

Wer hat nicht schon aus der dicken Borke von Kieferstämmen Schiffchen geschnitzt! Solche Rindenstücke lassen sich ebenso wie die »Papierstücke« von *Betula* (Birkenarten) für Gestecke verwenden. Richtige Korkleisten an den Zweigen haben, im Garten wachsend, *Euonymus alatus* (Korkspindelbusch), *Phellodendron amurense* (Korkbaum) und *Liquidambar styraciflua* (Amberbaum). In manchen Gegenden findet man an Feldwegen *Ulmus minor (U. carpinifolia)* 'Suberosa' (Korkflügelulme).

Literatur

besonders zum Bestimmen der Pflanzen

Aichele, D., und *H. W. Schwegler:* Unsere Moose und Farnpflanzen. Stuttgart 1959.

Bayerisches Staatsministerium für Landesentwicklung und Umweltfragen (Hrsg.): Schützen und blühen lassen, Geschützte Pflanzen. München 1978.

Bertsch, K.: Flechtenflora von Südwestdeutschland. Stuttgart 1964.

Bertsch, K.: Moosflora von Südwestdeutschland. Stuttgart 1959.

Eberle, G.: Farne im Herzen Europas. Frankfurt a.M. 1970.

Feldmaier, C.: Die neuen Lilien. Stuttgart 1967.

Fitschen, J.: Gehölzflora. Heidelberg 1950.

Garms, H.: Pflanzen und Tiere Europas. Braunschweig 1963.

Herklotz, A., und *P. Menzel:* Gartenblumen. Stuttgart 1977.

Liebenow, H., und *K. Liebenow:* Giftpflanzen. Stuttgart 1973.

Müller, T., und *D. Kast:* Die geschützten Pflanzen Deutschlands. Stuttgart 1969.

Polunin, O.: Pflanzen Europas. München 1971.

Rothmaler, W.: Exkursionsflora, Bd. 2–4. Berlin 1976.

Schmeil, O., und *J. Fitschen:* Flora von Deutschland. Heidelberg 1976.

Some Protected Flowers of the Cape Province. Cape Town 1967.

Wachter, K.: Der Wassergarten. Stuttgart 1978.

Weymar, H.: Buch der Gräser und Binsengewächse. Melsungen 1967.

Gebundener Strauß, in Form und Ausladung seinem Gefäß eingepaßt; das Stielbündel wurde so zurückgeschnitten, daß die breit gelagerten Rispen dem Gefäßrand aufliegen.

Ideal für kompakte Sträuße sind zylindrische Gefäßformen. Farbiges Dekor verlangt sorgfältige Abstimmung mit den Blütenfarben.

Trockenblumen binden

Für den Trockenblumen-Kranz wird am besten Spulendraht verwendet. Leichtes Anfeuchten der meist spröden und brüchigen Stiele am Vorabend verhindert ein Abdrücken. Als gute Unterlage bekommt der Drahtreifen zuvor aus Stielresten eine fingerdicke Abdeckung, die mit Draht abgewickelt wird.

Sorgfältige Auswahl von Trockenblumen und ▷ pflanzlichen Trockenteilen zeichnet die hochwertigen Materialien aus. Interessante Vielfalt an Formen bringt auffallend gute Kombinationsmöglichkeiten, unterstützt von schönem Farbspiel. Das veranschaulichen die acht reizvollen Sträußchen besonders deutlich. (Alle Arbeiten zu diesem Thema: Renate Hirschburger, Stuttgart)

Gestalten mit Trockenblumen

Jede Art des Blumenstellens und -steckens bringt es ganz selbstverständlich mit sich, daß wir die Formen und Farben der verwendeten Pflanzen genauer beobachten und mit der Zeit und besser besser kennenlernen. Was wir draußen in der Natur oft kaum recht sehen, prägt sich zu Hause im Detail leicht ein, wenn wir uns überlegen, wie wir ein Pflanzengebilde seiner Wirkungsart entsprechend am vorteilhaftesten in einer Gruppe zur Geltung bringen. Das Gestalten mit Trockenfruchtständen und Trockenfrüchten bedingt ein neugieriges und spannendes Aufspüren spätherbstlicher Pflanzenformen. Wir schalten sozusagen um auf ein neues Forschen und Ausprobieren und sehen, daß die Atempause der Natur wahre Wunderwerke an Gestalten und Farben, Linien und Bewegungen für uns bereithält. Das Sichbefassen führt bald zum Erfassen der arteigenen Besonderheiten und der besten Wirkungsmöglichkeiten.

Grundregeln des Steckens

Gestalterisch tätig und erfolgreich sein können wir nur, wenn wir Gestalten und Formen ihrem Wirkungsgrad entsprechend richtig einplanen und harmonisch zusammenfügen. Die bloße Bereitschaft zur praktischen Ausführung nützt nichts – wir müssen wissen, wie die einzelnen Materialien beschaffen sind, worin ihre stärkste Wirkung liegt, wo wir sie finden, wann wir die Pflanzen schneiden, welche Tricks wir anwenden, um sie haltbar zu machen. Sodann kommt die Frage, wie sie am vorteilhaftesten verarbeitet werden, und mit welchen anderen Formen und Pflanzenteilen sie zusammengebracht werden können.

Gestaltungsprinzipien

Bevor wir Hand anlegen, haben wir unser Material gesichtet. Am besten ist es, die verschiedenen Formen und Teile schon einmal *vorzuordnen* und dabei zu überlegen, wie sie sich gemeinsam am günstigsten machen. Dann muß man sich fragen, ob die Größe (in Höhe und Breite) das gewünschte Ausmaß hat, ob die Anordnung zu wuchtig oder zu luftig für den vorgesehenen Standort wird oder aber schon im richtigen Verhältnis zur Umgebung steht. Zum Vorordnen gehört auch bereits das gewünschte Gefäß oder die passende Unterlage.

Für eine Zusammenstellung mit Ausdruck und Pfiff brauchen wir *Kontraste,* das heißt gegensätzliche Formen, Farben, Linien, Bewegungen, kurz: gegensätzliche Wirkungen. Gegensatzwirkungen liegen zum Beispiel in hell – dunkel, hoch – niedrig, aufragend – lagernd, leicht – schwer. Solche natürlichen Kontraste zu setzen, erleichtert die weitere gestalterische Arbeit ungemein. Polaritäten kennen wir bei den *Farben;* es sind die Komplementär- oder Gegenfarben (die sich im Farbkreis gegenüberliegen) wie Rot – Grün, Orange – Blau, Violett – Gelb, die immer ein wirkungsvolles Farbzusammenspiel ergeben. Nun haben wir bei Trockenpflanzen keine kräftigen, klaren Farben. Trockene Teile gehen oft sogar fast ins Farblose, und wir finden vorwiegend Tonstufen um Beigebraun und Graugrün. Natürlich ist das Färben eine Möglichkeit. Viel reizvoller ist es meist jedoch, die Eintönigkeit zurückhaltender Farbtöne durch einen geschickt gewählten farbigen Hinter- oder Untergrund (auch im Gefäß) zu beleben. Dadurch erreichen wir wiederum eine Gegensatzwirkung: stumpfe Farben – intensive Farben.

Im allgemeinen nehmen wir gerne dunkle Farbtöne für die Betonung des Steckzentrums; bei vorwiegend unfarbigen Trokkengestecken kann es aber sehr reizvoll sein, den »Schwerpunkt« durch die Menge des ihn bildenden Materials zwar zu kräftigen, gleichzeitig aber auch aufzuhellen: Sehr nachgedunkelte, nichtssagende Farbtöne werden so durch sehr lichte, helle (oder aufgehellte, verwässerte) Farbtöne, selbst durch Weiß, zu neuem Leben erweckt. Versuchen wir das einmal bei einem größeren Gesteck mit tiefbraunen Lotosfruchtständen oder mit Mohnkapseln im Mittelpunkt – zwei oder drei davon tönen wir weiß, und schon besteht der Mittelpunkt nicht mehr nur aus einer schweren, dunklen Menge, sondern er wird lebendig und plastisch.

Künstliche Farbe, die wir in der Binderei bei Trockenwerkstoff (gefärbte Achilleen) lange verabscheut haben, bekommt jetzt ganz neue Aufgaben und damit einen neuen Sinn. Es wird nicht mehr in Massen, von Gräsern etwa eine Serie, durchgefärbt, die man dann irgendwann und irgendwo verwendet. Farbe wird vielmehr sehr überlegt für ein bestimmtes Stück mit ganz spezieller Aufgabe gebraucht. Deshalb finden wir es nicht nur gerechtfertigt, sondern auch besonders reizvoll, einmal einen Zweig mutig weiß oder – vor einem allzu faden Hintergrund – schwarz zu streichen. So wird die Besonderheit einer Linienführung oder Bewegung eines Zweiges, die sonst dem Betrachter vielleicht wenig bewußt wird, erst deutlich. Wir haben die Möglichkeit, eine zu flächige Wirkung durch gezielte Farbgebung in einen plastischen Eindruck zu verwandeln oder auch sehr schwache und blasse Tönungen zu kräftigen. Künstliche Farbe kann bei unseren Trockengesteckarbeiten als markanter *Akzent* eingesetzt werden. Sie muß aber immer – und das ist sehr entscheidend – richtig dosiert sein.

Wir wählen nicht nur gegensätzliche Formen und benutzen Farbe als Kontrastmittel, wir können auch *Linien,* in Form von Zweigen etwa, gegeneinandersetzen und dadurch einen bestimmten Schwung als klare *Bewegung* herausstellen.

Das läßt sich an einem schlichten Kastanienzweig demonstrieren; stammt er von einem seitlichen oder herabhängenden Ast, ist seine Spitze stets leicht aufgebogen. Wenn wir nun diese schwingende Bewegung schräg nach oben in einem Gesteck als gestalterisches Element nutzen, müssen wir ihr eine Gegenbewegung schräg nach unten entgegensetzen. Dazu stecken wir, ebenfalls mit nach oben gebogener Spitze, einen zweiten schwingenden Zweig und erhalten so eine Linienführung, die etwa diagonal durch die Steckmitte verläuft. Das kann besonders bei Wanddekorationen sehr wirkungsvoll sein. Sind sie gut ausgewogen, haben wir

Das Fertigstück wird auf der standfesten Töpferscheibe überprüft. Ob Rundstrauß oder Steckschale – alles erfährt hier letzte und strenge Kontrolle.

Weißglasierte Keramikvase mit ausladendem Kragenrand, Füllung Ton-in-Ton (auf Steckmasse) mit lila Bougainvillea, weißem Limonium, Bärlapp, hohen Rispen von rosa Limonium suworowii.

Trockenblumen stecken

Flache, weite Kesselform mit stark aufgelockertem Gesteck von Dolden- und Kugelformen: Zierlauch, Kleiner Bärenklau, braune Rudbeckia-Fruchtstände.

Überschäumende Fülle quillt aus dem weißglasierten Keramik-Henkelkorb. Ausladende Körbe, wie ja Flechtwerk auch, fordern solchen Überschwang geradezu heraus. Während das Binden von Trockenblumen meist zu kompakten Sträußen führt, erlaubt das Stecken (hier auf Steckmasse) im allgemeinen eine wesentlich größere Lockerheit in der Anordnung. (Alle Arbeiten zu diesem Thema: Renate Hirschburger, Stuttgart) ▷

Markante Formen von Blüte, Blatt und Frucht

Rispen

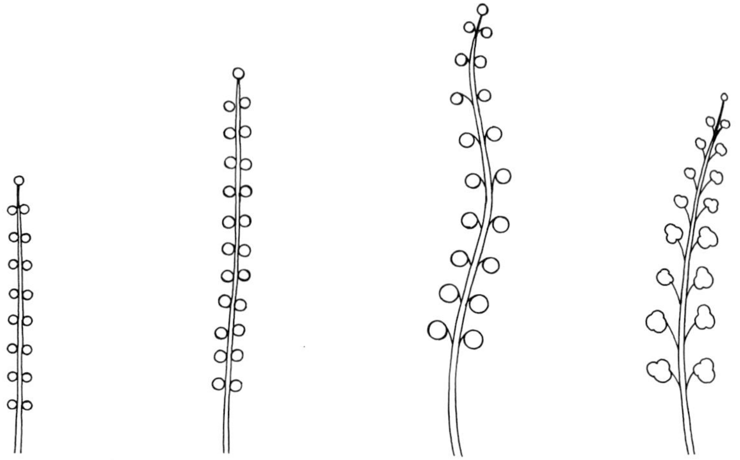

klein (Wegerich) | mittelgroß (schmale Gräser) | groß (Rittersporn) | breit (Astilbe)

Ballformen

schwer (Hortensie) | locker (Zierlauch) | abgeflacht (Strohblume)

Tellerformen

Sonnenflügel | Knospen | halboffene Blüten | offene Blüten

Blattformen

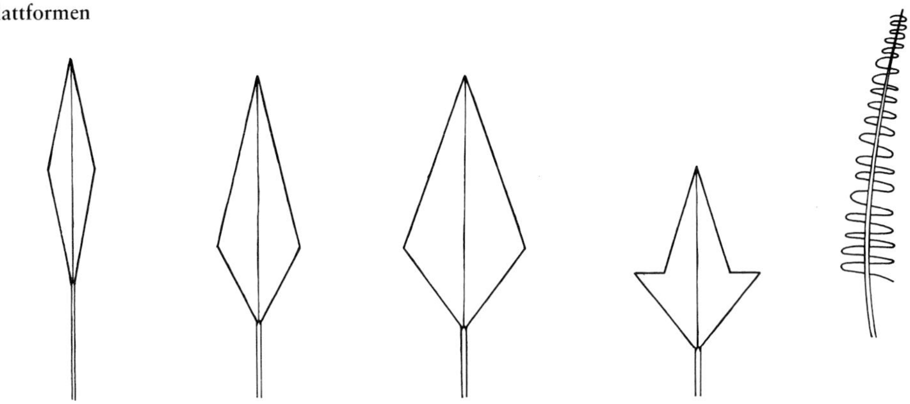

Fruchtformen

Doldenformen

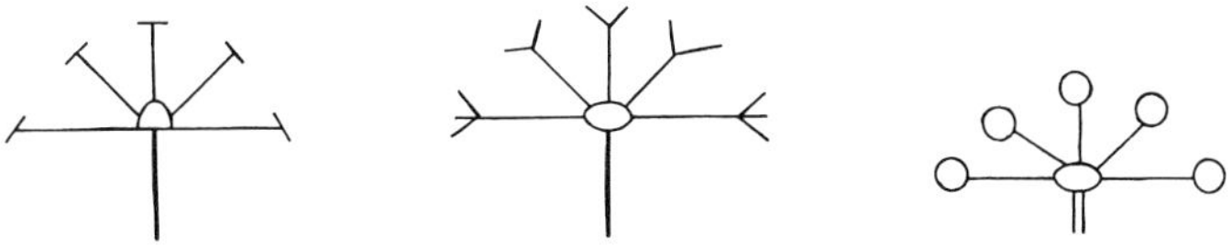

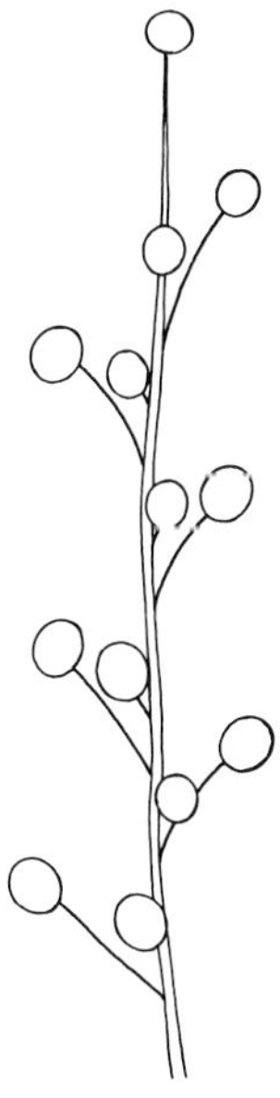

Einzelkerze, mit dauerhaftem Kränzchen aus Bucheckernhüllen, Erlenzäpfchen, Lärchen- und kleinen Zapfen der Bergkiefer. Auf Styropor- oder dünnen Strohreif geklebt (als Fertigware im Handel).

Doppelkränzchen, aus Sonnenflügelblüten gebunden, unterlegt mit grünen, hartlaubigen Blättern, z.B. Skimmia, immergrüne Pfaffenhütchen, Kirschlorbeer, Immergrün, Rhododendron. Blumen und Kerzen in Altrosa. (Fa. Kirsten und Christian Hattesen, Dänemark)

Kränze mit Kerzen, Kerzenkränze

Kerzenkränzchen aus Immortellen in verschiedenen Farben, geklebt auf Styropor. (Keramik-Kerzenhalter von Winfried Kamann, Frankfurt)

Festlicher Kranz aus Schleierkraut. Bänder und Kerzen sind raumbezogen auf die Farben der Umgebung. Das Schleierkraut, frisch verarbeitet, trocknet fast unmerklich ein und kann dann als Trockenkranz weiterverwendet werden. (Fa. Blumen-Herweck, Gaggenau) ▷

in allen Gruppen Bewegung und Gegenbewegung. Wir erreichen so den *Rhythmus der Bewegung*. Ähnlich natürlich-rhythmische Bewegungen finden wir bei Zweigen einiger Hartriegelarten, bei der Magnolie und, meist nicht ganz so augenscheinlich, bei zahlreichen Sträuchern und Bäumen wie Azaleen, Rhododendron, Zierkirschen und Zieräpfeln.

Solche Eigenheiten bieten natürlich Anreiz zu entsprechend eigenwilligen Zusammenstellungen, bei denen sich die Art der Verarbeitung der Einzelteile förmlich anbietet. Das macht uns zugleich auch klar, daß wir uns klugerweise weitgehend nach dem pflanzlichen Material selbst ausrichten sollten. Das schließt nicht aus, daß wir sowohl füllige Arrangements fertigen können als auch betont lineare, mehr grafisch wirkende Darstellungen.

Für eine *üppige Anordnung* ist vieles geeignet. Auch Zweige müssen nicht immer nur spielerisch silhouettenhaft dargestellt werden. Aber sehr schnell ist hier die Grenze überschritten, und wir erhalten ein unordentliches, wirres Gestrüpp oder zumindest ein sehr unruhiges Bild.

Für große Räume wünscht man lieber wenige kräftige und lange Zweige. Dafür ist der Untergrund mit dafür geeigneten anderen pflanzlichen Formen fülliger auszuarbeiten. Zweige sollten immer vorherrschend und überragend sein. Ihnen muß sich alles andere unterordnen und zugesellen. Äste und Zweige sind bestens geeignet, kurzstielige Details zu vergrößern, lastende Schwere aufzulockern, kurze Gruppen nach oben hin zu verlängern.

Unser Motto heißt:

Schwere Formen sammeln, leichte Formen lösen. Damit erreichen wir eine Spannung, die wir durchaus mit Dynamik bezeichnen können.

Wir gehen stets vom *Mittelpunkt* aus, der alle Stiele und Formen sammelt, aus dem sich alle Linien und Bewegungen lösen beziehungsweise entwickeln. Der Mittelpunkt muß stets klar ersichtlich sein, auch bei größeren Gruppierungen. Er wird herausgestellt oder betont durch kräftige, lastende oder ruhende Formen.

Das können im Trockengesteck zum Beispiel große, flächige Silberdisteln oder körperhafte Formen sein (etwa Kugeldistel und Karde). Zu den schweren Formen gesellen wir die leichten, so zu Disteln die Gräser oder auch leichtere Distelformen wie die Golddistel.

Unser Stück Steckmaterial (Kunststoff oder Polstermoos) ist bereits das Steckzentrum für unsere Anordnung. Alle massiven Formen, die den Mittelpunkt andeuten oder verstärken sollen, werden mit nur kleinen Stielenden kurz zum Mittelpunkt eingezogen (gesteckt). Verwenden wir hierfür mehrere Einzelstücke, sollen sie nicht »batzig« auf gleicher Höhe stehen, sondern in unterschiedlichen Höhen gestaffelt.

Die Natur ist uns auch im weiteren Vorbild. Eine Rosettenpflanze ist mit ihren Blättern dort am engsten zusammengehalten, wo sie dem Boden entspringt. Wir sprechen vom *Wuchsmittelpunkt*, der für unser Gesteck eine große Rolle spielt. Aus diesem Zentrum entwickeln sich alle Linien nach oben und seitwärts. Und in diesem Mittelpunkt laufen, umgekehrt gesehen, alle Bewegungen und Linien zusammen.

Zum leichteren Verständnis dürfen wir diese Grundregeln zunächst etwas übertrieben darstellen. Das Gespür für das richtige und beste Verhältnis kommt mit der Übung ganz von selbst. Pflanzen-Erkenntnis bringt Pflanzen-Verständnis.

Beispiele für schwer wirkende Formen von Trockenblüten, -fruchtständen und -früchten, die sich zur Betonung der Steckmitte eignen:

Kleine Gestecke
Acacia, Mimosen (gebüschelt)
Achillea, Schafgarbe
Alchemilla, Frauenmantel
Alnus, Erle
Carlina vulgaris, Golddistel
Fagus, Buchenfruchtstände (gebüschelt)
Gaillardia, Kokardenblume
Helichrysum, Gartenstrohblume
Ilex, Stechpalme, kleine Beerenzweige
Limonium, Statice, Meerlavendel
Lonas, Immortelle
Rosa, Hagebutten

Mittelgroße Gestecke
Acer, Ahorn
Achillea, Schafgarbe
Aesculus, Kastanie
Alchemilla, Frauenmantel
Capsicum, Zierpaprika
Carlina acaulis, Silberdistel
Carpinus betulus, Hainbuche
Castanea, Edelkastanie
Daucus carota, Wilde Möhre
Dipsacus, Karde
Heracleum, Bärenklau
Ilex, Stechpalme, Beerenzweige
Papaver, Mohn
Rhus, Essigbaum
Rosa, Hagebutten, gebüschelt und Doldenrispen
Sorbus, Eberesche, Fruchtstände
Spiraea bumalda, Spierstrauch

Größere Gestecke
Allium, Zierlauch
Buddleja, Sommerflieder
Capsicum, Zierpaprika
Cotoneaster, Zwergmispel
Cucurbita, Zierkürbis
Heracleum, Großer Bärenklau
Hydrangea, Hortensie
Ilex, Stechpalme, mit Beeren
Pyracantha, Feuerdorn
Rhus, Essigbaum
Rumex, Sauerampfer, mit dichten Fruchtständen
Spiraea bumalda, Spierstrauch
Zea, Mais

Die Ausmaße unseres Gesteckes bewegen sich in bestimmten, nicht immer zahlenmäßig festgelegten Grenzen. Unterlage oder Gefäß müssen groß und kräftig genug sein, um das Arrangement auch optisch zu tragen. Wir sprechen hier vom *optischen Tragvermögen.*
Außerdem wünschen wir eine *ausgewogene Proportion* zwischen Gefäß und Füllung. Wenn Blumen beispielsweise bis zum Hals in einer Vase hängen, so daß gerade noch die Köpfe herausschauen, dann sagt uns schon der erste Anblick, daß etwas nicht stimmt.
Bei Vasenfüllungen hilft eine Faustregel: Die Füllung darf höchstens zweimal so hoch sein wie die Vase. Dieses Maß kann natürlich nur grob gelten. Ein Gefäß kann optisch leicht sein (dünnwandiges, durchsichtiges Glas). Ein anderes Gefäß mit denselben Ausmaßen sieht dennoch größer und mächtiger aus, weil es eine unebene Oberfläche hat oder aus schwerer wirkendem Material ist, wie Ton-, Klinker- und manche Keramikgefäße.
Auch bei flachen Gefäßen mit normaler Dekoration haben wir einen guten Anhaltspunkt in einer einfachen Verhältniszahl. Der Durchmesser der Schale (Beispiel 20 cm) ist das Grundmaß für die Höhe und die Ausladung nach den Seiten.

Herbstlicher Trockenkranz mit braunem Leinenband, aus Mohnkapseln, gelben Achilleen, Fichtenzapfen, Kiefernzapfen (verkehrtherum), Lotusfruchtständen und Cupressus-Zapfen. Alles einzeln gedrahtet und nach dem Anlegen einzeln um einen festen Drahtreifen gewickelt.

Klare Kranzform mit Holzbirnen, Mohnkapseln, gelben Achilleen, Lärchen- und Kiefernzapfen. Technik wie vorher.

Mit Zapfen und Band

Buntes Trachtenband zum herbstlichen Kranz in kräftigen Farben von Orange bis Rot: Strohblumen, Limonium, Baumwoll- und Lotosfruchtstände, Lärchenzapfen und kleinblättrige Kirschlorbeer.

Reizvoller Trockenstrauß für Herbst und Winter. ▷ Blaues und weißes Limonium, Kokosfaserblätter (zurechtgeschnitten auf passende Größe), kleine Sonnenblumen-Fruchtstände, Cupressus-Zapfen und hartschalige Landlotos mit vier bis fünf Schalblättchen (Import) – alles ist einzeln gedrahtet und zusammengefügt wie bei Würzsträußlein. (Alle Arbeiten zu diesem Thema: Blumenhaus Kamann, Frankfurt)

Der Stiel der am höchsten aufragenden Blume oder Rispe – nur bis zum Ansatz des Blüten- oder Fruchtstandes gemessen – sollte mindestens so lang (Beispiel 20 cm) und maximal doppelt so lang (Beispiel 40 cm) sein wie der Schalendurchmesser. Bei sehr grazilen Formen wie zierlichen Gräsern kann die Höhe bis zu 2½ × Schalendurchmesser gehen (Beispiel 50 cm). Die Ausladung nach den Seiten kann 1–1½ × Schalendurchmesser sein (Beispiel 20–30 cm).

Diese Regel hat Gültigkeit bei flachen Gefäßen von mittlerem bis großem Ausmaß. Haben wir aber kleine Schalen und noch dazu schwerköpfige Blumen, so nehmen wir bei quadratischen und rechteckigen Gefäßen die Diagonale von einer Schalenecke zur gegenüberliegenden als Grundmaß. Bei linearen und grafisch wirkenden Anordnungen mit sehr wenigen Details kann sich dieses Grundmaß noch weiter verändern.

Das für flache Gefäße angeführte Maßverhältnis kann auf ähnliche Unterlagen und Untersetzer für viele Gestecke weitgehend übertragen werden.

Zunächst sollte sich der Anfänger an solche Richtlinien halten; mehr und mehr wird er sich von ihnen lösen, je vollständiger die Kenntnisse, die Handfertigkeit und natürlich auch das Gespür für das gute Verhältnis geworden sind.

Gruppieren heißt das nächste Stichwort. Durch gruppenweises Zusammenfassen der vielen Stiele bekommt unsere Zusammenstellung erst Schwung und Linie. Nehmen wir wieder das Beispiel mit Silberdistel und Gräsern. Vereinzelt gesteckte Gräser wirken wie eine Anhäufung von Nadeln auf einem Nadelkissen, nämlich unruhig und unklar. Wir wenden eine unsichtbare Ordnungsmethode an, indem

Gefäßtypen und Gesteckaufbau

1 Gerade, hohe Formen
brauchen bei Verwendung von geraden Stielen eine horizontale Betonung, oft auch eine optische Verkürzung durch herabhängende Blätter und Zweige. Betonung der Mitte hier durch rosettenartig zusammengedrahtete Trockenblätter. In Steckmasse oder lockeren Drahtball stecken. Beispiele für Anordnung mit Gräsern und mit Zweigen.

2 Becherformen
sollten trotz weiter Öffnung eine seitlich nicht zu ausladende Füllung erhalten. Blätter an den Seiten und überhängend wirken sehr gut. Bei dieser Form empfiehlt es sich, Steckmasse zu verwenden.

3 Geschwungene Formen
zwingen den ihnen gemäßen Gesteckaufbau förmlich herbei, der darin besteht, daß die Stiele den Schwung der Gefäßform wieder aufnehmen. Material: Fingerhut (oder Zweige) und Hortensien.

4 Bauchige Vasenformen,
auch Bodenvasen, sollen nicht überladen werden. Stecken können wir zwischen Tannenzweigen, die auf Vasenhöhe zurechtgeschnitten werden, oder einfachen anderen Zweigen ohne Laub.

5 Anspruchsvolle Formen
wie dieser Kupferkessel sollten – mit einer interessanten Füllung – zur Gesamtwirkung beitragen. Man steckt sparsam, etwa bewegte Zweigformen und kürzer gehaltene kräftige Dolden, Fruchtstände und -formen. Stecken im großen, mit groben Kieselsteinen beschwerten Moosball.

6 Kübelformen, Übertöpfe und hohe Schalen
verlangen mit ihrer weiten Öffnung größere Fülle. Der Überfülle vorbeugen durch gruppenweises Stecken (Steckmasse). Material: Iris und Schmetterlingsstrauch oder aufrecht Gräser und überhängend Sauerampfer.

1

1

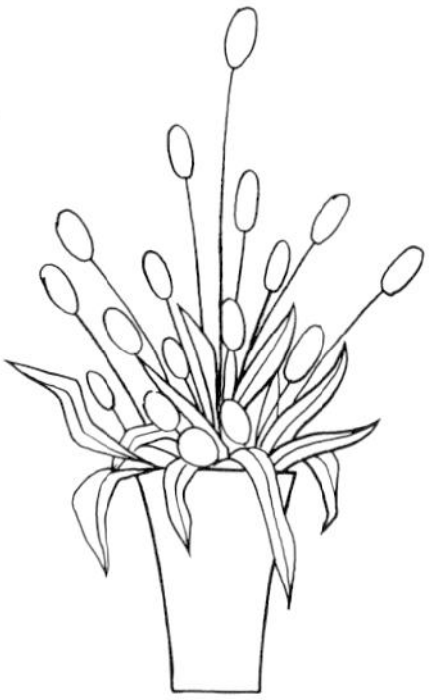

2

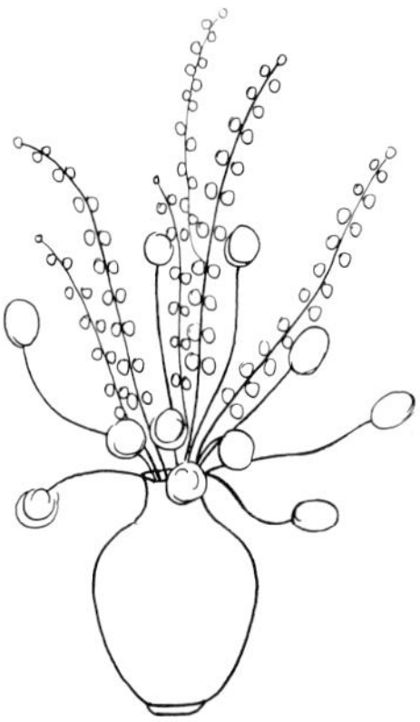

3

4

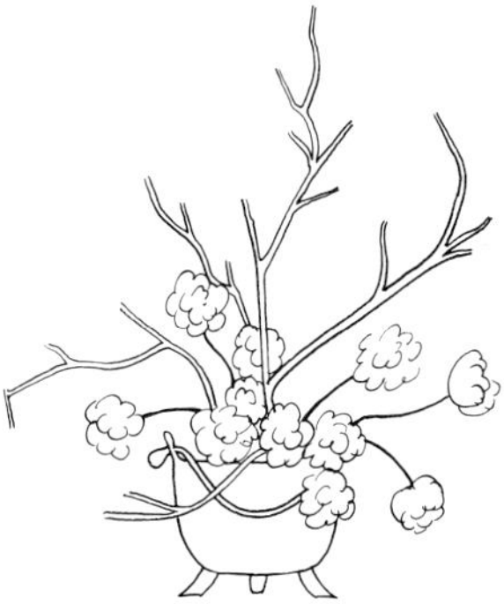

5

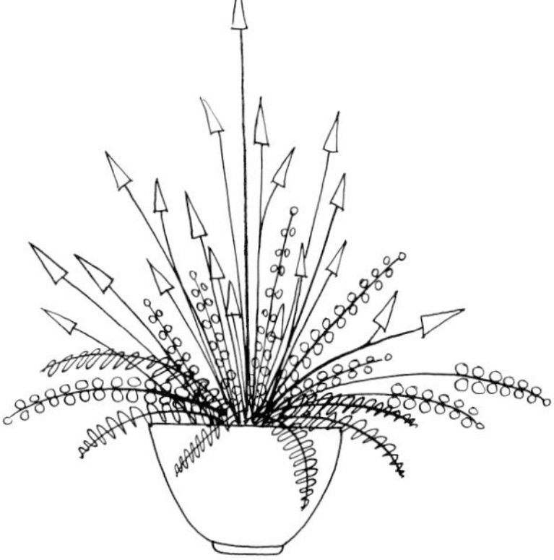

6

Aufrecht gearbeitetes Wandgehänge mit verschiedenen Zapfenarten: Fichte, Schwarz- und Bergkiefer, dazu Goldbronziertes: Mohnkapseln, Nüsse und Mistelzweige. Dazwischen rotes Band. Schleife und Edeltanne als Abschluß unten.

Wandgehänge: Fichtenzapfen, einzeln gedrahtet, aneinanderreihen (Drahtenden jeweils um die vorherigen wickeln), oben mit Zweigen der Edeltanne und einer Schleife aus Leinenband abdecken.

Weihnachtliches mit Zapfen und Band

Schmaler Zapfenkranz (Cupressus und Schwarzkiefer) mit Zweigen der Edeltanne Abies nobilis und rotem Leinenband.
Zapfen einzeln drahten, einzeln anlegen und jeweils den Draht um die Unterlage, einen kräftigen Drahtreifen, wickeln.

Geschenkstrauß: Seidenkieferzweige, Schwarzkiefernzapfen, Nüsse, Wachskugeln, Schokoladenherzen und Bandschleifen aus rotem Band in Leinenstruktur. ▷
Beginnen mit Zweigen, gut handlang geschnitten, im Wechsel die übrigen, einzeln gedrahteten Teile dazugeben, mit Wickeldraht immer wieder fest umbinden, Griffstelle mit Band abwickeln. (Alle Arbeiten zu diesem Thema: Blumenhaus Kamann, Frankfurt)

wir die vereinzelten Halme in kleineren und größeren Gruppen zusammenfassen. Dabei sollte die Mittelgruppe als Hauptgruppe gleichzeitig am größten sein; die übrigen Gräser stellen Begleitgruppen und Nebengruppen dar.
Selbst wenn wir zur Auflockerung von ausschließlich schweren Formen Gräser verwenden, sollten wir sie wenigstens zu zweit oder zu dritt einziehen. Selbstverständlich sind dabei in den einzelnen Gruppen die Einzelteile in verschiedener Höhe gestaffelt.
Mit den Grundregeln: Gegensatzwirkung nutzen – Mitte betonen – Ausmaße beachten – Staffeln und Gruppieren – erreichen wir einen flüssigen Arbeitsgang und eine klare sachgemäße Ausführung.
Eine *naturnahe Darstellung* finden wir im allgemeinen am passendsten. Wir sind bestrebt, die Einzelteile nicht gewaltsam in eine Stellung zu bringen, die ihrer natürlichen Wuchsform und Lage völlig widerspricht. So sagen wir: Kerzengerade Stiele können noch etwas schräg gesteckt werden. Wenn wir sie jedoch seitwärts so richten, daß sie waagrecht liegen, wirken sie unnatürlich.
Für die waagerechte Bewegung nehmen wir Teile, die übergebogen oder überhängend gewachsen sind, als Grünteile zum Beispiel Farnwedel. Bei vielen Blumen gibt es sowohl senkrecht betonte als auch schräge oder überhängende Linien.
Eine Ausnahme von der naturähnlichen Ausrichtung macht die reine *Raumdekoration,* die ganz bestimmte Ziele hat. (Auch das Schaufenster ist ein Dekorationsraum!) Aber auch bei einem Wandgesteck zum Beispiel wird – in dekorativer Absicht – nicht immer und in jedem Fall ausschließlich »wuchsgerecht« gearbeitet, dennoch aber die spezielle Wirkungsweise von Wuchs, Linie, Form und Bewegung genutzt und oft auch unterstrichen.
Die reine *Formbinderei* erblickt heute in Blüten und Fruchtständen lediglich Form und Farbe und verarbeitet sie entsprechend; das sehen wir ja bei den Kugel- oder Kegelformen (auf Styrofóam-Unterformen aufgesetzte Strohblumenblüten und kleinen Zapfen).

Technik

Die Technik des Steckens bereitet keine Schwierigkeit, wenn der Aufbau erst einmal systematisch durchgeführt wird. Erst mit der Zeit und mit der Übung werden wir uns von dem Schema lösen und mit der freieren Gestaltung beginnen.
Die Kenntnis von der formalen Wirkung der Einzelteile ermöglicht ein rasches Einarbeiten. Wir wissen, daß runde oder massige Formen schwer wirken und deshalb zur Betonung des Zentrums oder Mittelpunkts im Stiel kürzer gehalten werden. Schlanke und ranke Formen, vor allem Rispen, streben optisch nach oben oder außen und sollten stets über den schweren stehen.
Etwas sehr Wichtiges kommt hinzu: *Dunkle Farben wirken schwer, helle Farben erscheinen leicht.* Für unsere Steckpraxis bedeutet dies, daß die dunklen Farben tiefer stehen sollen als die hellen. Im Idealfall bilden die dunklen und schweren Formen Zentrum oder Mittelpunkt, die hellen und leichten werden aufstrebend oder auch ausladend und überhängend (je nach Wuchsform) nach oben und außen überragend eingearbeitet.
Für den Anfang ist es richtig, mit nur einer Trockenblumenart zu üben. Die grundsätzlichen Hinweise gelten auch dann, und der Aufbau ist einfacher. Zu Beginn nehmen wir nur klare Formen.

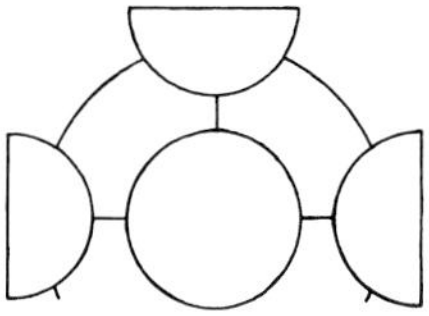
1

2

3

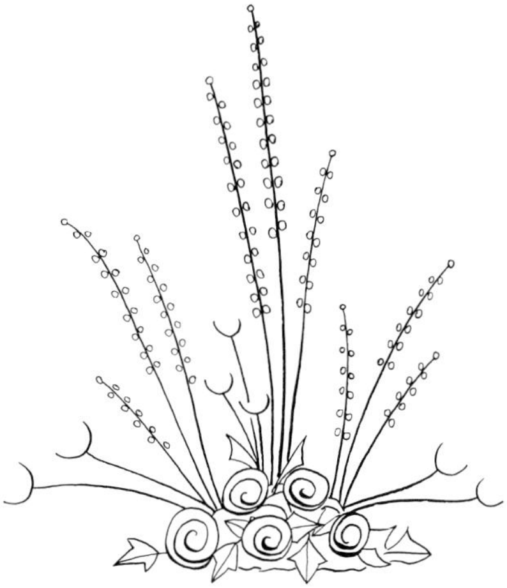
4

Aufbauschemata zu Übung 1 und 2.
Erste Übung (1–3): stilisiertes Gesteckschema, unter Verwendung der vorgeschlagenen Typenformen: Knospe, halboffene Blüte und offene Blüte.
Zweite Übung (4): System des Aufbaues mit gegensätzlichen Formen: Ballform – Rispenform, dazwischen Tellerform, auflockernd und nach unten abschließend Blätter.

Oberbayrischer Würzkranz. Kranzkörper aus grünen Mäusedornzweiglein; aufgearbeitet sind montierte Früchte aus Mais, Kürbiskernen und grünen Perlen, Mohn, Sternanis, Mandelkernen, Hörnchennudeln, Kandiszucker.

Österreichisches Würzkränzchen ohne Grün, mit Nelken, Perlen, Kümmel, Senf, vergoldeten Erlenzapfen, Zimtstangenstückchen, Pfeffer und Mohnkapseln.

Würz- und Arzneipflanzen (1)

Würzkegel als Gehänge. Montagestück in Zapfenform aus Mäusedornzweiglein, Nudelnelken, Zimtstange, vergoldeten Erlenzapfen, Veilchenwurzel und Band.

Wilder Kümmel – Filigranwerk in spannungsreichem Kontrast zu Form und Material der Gefäße (Alu-Dosen Hilde Roth-Design, Mannheim/Ludwigshafen) und zu seiner Umgebung. ▷

Übung 1. Wir verwenden die bekannte Gartenstrohblume *(Helichrysum)* mit Blütenköpfen in unterschiedlicher Farbe und Größe.
Ein Stück Knetmasse wird zu einer Halbkugel von etwa 5 cm Durchmesser geformt und auf eine einfache Unterlage gedrückt (es kann vorläufig der Unterteller einer Kaffeetasse sein). Mit etwa fünf großen, offenen Blumen wird die Knetmasse leicht verdeckt (»kaschiert«): man steckt die Blütenköpfe an etwa 2 cm kurzem Stiel auf die Masse, stengellose Blütenköpfe werden dazu angedrahtet. Zum Andrahten nehmen wir einen 7er Draht, biegen ein Ende in Länge und Art einer Haarnadel um, führen das gerade Ende von oben durch den Blütenkopf und ziehen den Haken fest, bis er in der Blüte festsitzt. Die beiden Drahtenden gehören unterhalb der Blütenköpfe fest zusammengedreht, werden dann bis auf ein etwa 3 cm langes Stück mit der Drahtzange (oder Rosenschere) gekürzt und fest auf die Masse gedrückt.
Jetzt wird, wie aus der schematischen Darstellung (Abb. 3, S. 111) ersichtlich, die zweite Etage des Gesteckes mit den halboffenen Blütenköpfen fast halbkreisartig darüber gesteckt. Als dritte Stufe folgen abschließend nach oben gruppenweise die knospigen Strohblumen. Aus dem Schema wird überdies klar, daß man später auch anders verfahren kann: Nach dem Betonen der Mitte die erste Stufe, oder auch zuerst die Höhe mit den leichtesten Formen und dann erst die Zwischenstufe.

Übung 2. Die mittelgroßen Strohblumen können durch eine feinere Art ersetzt werden, etwa Sonnenflügel *(Helipterum)*. Statt knospiger Form nehmen wir feine Gräserarten.

Übung 3. Wir drahten die doldenförmigen Immortellen *(Lonas annua)* sehr kurz zu kleinen Büscheln an und stecken sie unmittelbar auf die Steckmasse (zum Mittelpunkt). Jetzt sollten wir auch beginnen, als Abschluß zu Gefäß und Unterlage einige Blätter einzuziehen und als Überleitung nach oben noch etliche Blätter zwischen die Immortellen zu stecken. Darüber stekken wir Papierblumen *(Xeranthemum)* und als schmale Formen einige Stiele des einjährigen Rittersporns *(Delphinium ajacis)*. So versuchen wir schrittweise, die unterschiedlichsten Formen zueinanderzuordnen und entsprechend zu staffeln.

Gute Vorarbeit erleichtert zügiges Stekken. Das gilt besonders auch für das Arbeiten mit Gräsern. Wie schon kurz erwähnt, werden grundsätzlich alle sehr feinen und dünnstieligen Arten zu dritt und fünft gestaffelt zusammengedrahtet. Die vom Ausland eingeführten (teilweise intensiv gefärbte) äußerst kleinährigen Gräser werden auch für kleinere Gestecke mit jeweils 5–10 Stück mit Draht gebüschelt.

Wirkung

Wenn wir es gelernt haben, unser Pflanzenmaterial zum Gesteck zu arrangieren, stellt sich bald heraus, daß wir meist mit verhältnismäßig wenigen Einzelteilen auskommen, auch bei mengenmäßig stärkeren Anordnungen, und dennoch eine gute Wirkung erzielen. Wir arbeiten jetzt nicht mehr verschwenderisch mit der Menge (auch dann nicht, wenn wir sie haben), sondern ordnen alles bewußt seinem Wirkungsgrad entsprechend ein. Das heißt nicht, daß die Dinge verloren dastehen, vielmehr sind sie besser im Detail zu sehen und wirken deshalb mehr.

Da stets jedes Teil und Teilchen an seinem Platz steht und diesen ausfüllt, wird das Ganze beschwingt und spritzig. Wir brauchen weniger und erreichen mehr. Jedes Teil soll einen gewissen Luftraum um sich haben, damit es voll zur Geltung kommt. Wir sprechen vom Wirkungsbereich.

Auch bei unseren Trockengestecken muß man den Wirkungsraum sehr genau ablesen lernen. Jedes Stück will material- und wesensgerecht verarbeitet werden. Wir lernen bald sehen, welches Stück in der geplanten Zusammenstellung die stärkste Wirkungskraft hat und deshalb als Mittelpunkt oder als *Hauptgruppe* arrangiert gehört, welche Teile durch ihre nächststarke Wirkung als *Ergänzung* zu nehmen sind, oder welche Stücke nur zur Abrundung in völliger Unterordnung als *Untergruppe* und ergänzendes *Beiwerk* dienen, wie etwa Blätter oder Ranken im Untergrund.

Diese Grundregeln erweisen sich vor allem dann als gute Hilfen, wenn wir verschiedene Pflanzenarten von sehr unterschiedlicher Gestalt und Wirkung in einem Gesteck verwenden.

Wir wünschen zum Beispiel für einen größeren Dielenraum ein mächtig wirkendes Dekorationsstück, zusammengestellt aus großen Trockenfruchtständen der hochaufragenden Königskerze *(Verbascum)* und den schwerköpfigen Trockenfruchttänden unseres Gemüselauchs *(Allium porrum)*, die in völlig getrocknetem Zustand übrigens mit der Zeit den intensiven Geruch verlieren. Eine Alternative wäre die Zusammenstellung aus Kastanienzweigen mit Sauerampfer *(Rumex)* oder Hortensien *(Hydrangea)*.

Die Königskerze wirkt kraftvoll und doch rank und elegant, in ihrer ganzen Wuchsform aber majestätisch. Dieser königlichen Wirkung verdankt sie ja ihren deutschen Namen. Die wuchtige Ballform des Lauchfruchtstandes zeigt sich zwar auch recht kraftvoll; von majestätischer, königlicher Wirkung aber kann keine Rede sein. Während die schmalen Rispen der Königskerze förmlich nach oben streben in ihrer Bewegung, stellt die kugelige, dicht mit Samen besetzte Rundform des Lauches eine ruhende, in sich abgeschlossene Form dar, besonders schwer lastend durch die kompakte Umrißwirkung.

So haben in unserer geplanten Zusammenstellung offenkundig die Königskerzen die Hauptwirkung (Hauptgruppe) zu übernehmen. Sie ragen aus der Gesteckgruppe heraus, sollen dabei aber in ihrer »majestätischen Haltung« freigestellt bleiben, das heißt, bis unten hin zu sehen sein. Der Lauch wird, in unterschiedlichen Höhen gestaffelt, dazwischengestellt (Nebengruppen). Diese Ordnung ist maßgebend, ob wir damit eine Vase füllen oder einen Kübel stecken.

Natürlich können und sollten wir hier auch noch etwas Verbindendes, Abschließendes dazugeben, das sich dann aber den beiden genannten Arten willig anfügen oder unterordnen sollte. Wir werden zum Beispiel einige Ranken der wilden Waldrebe *(Clematis)* – es können auch welche aus dem Garten sein – dazustellen oder so stecken, daß sie sich über den Gefäßrand neigen oder herabhängen. Die vorwiegend geraden Stiele von Königskerzen und Lauch verlangen geradezu eine seitlich betonte Bewegung oder überhängende Formen von gebogenen Stengeln oder spielerischen Ranken, um die Strenge zu mildern.

Abrundende Details sind bei den meisten Gestecken dieser und ähnlicher Art auch deshalb erforderlich, damit verbindende

Einzeln gedrahtete Teile zum österreichischen Würzsträußlein: Erlenzäpfchen vergoldet, Mäusedornzweiglein, Kümmel und Sternanis auf Kügelchen geklebt, Nelken mit Bouillon umwunden, Mandelkerne, Nelken in Nudel eingezogen, Veilchenwurzel, Zimtstangenstückchen.

Ein Würzsträußlein entsteht: Einzelteile nacheinander anlegen und jedesmal das Drahtende um das vorhergehende wickeln, zuletzt mit Band abwickeln.

Würz- und Arzneipflanzen (2)

Tischdekoration für Herbst und Winter: Buchszweige, auf Mooswulst verarbeitet und besteckt mit Mohnkapseln in drei Größen sowie entblätterten Ilex-Zweigen mit roten Beeren. Dazu drei dicke rote Stabkerzen, moosgrünes Band in Leinenstruktur.

Auf ein Lattenstück (Dachlatte) mit Wickeldraht eine 3 cm dicke Moosschicht (Sphagnum) aufbinden und von beiden Enden her mit (schräg eingeführten) Buchszweigen von halber Handlänge fest bestecken. Mittelstelle und Enden mit Bandschleifen abdecken, Kerzen feststecken. In Gruppen die Beerenzweige, dann die Mohnstiele einfügen. ▷

Übergänge zwischen Gefäß und Füllung geschaffen werden. Es können Blätter oder Ranken sein, gebogene überhängende Stiele und andere Teile, mit Bewegung zu den Seiten und nach unten.
Wir wollen stets darauf achten, daß der meist gerade Rand der Gefäßöffnung keine harte Trennungslinie bildet zwischen Gefäß und Pflanzenanordnung, die unsere Darstellung abrupt in zwei Teile schneidet. Es soll immer ein Übergang, eine Überleitung, vorhanden sein, damit Behältnis und Füllung eine harmonische Gruppe darstellen. Das gilt natürlich ebenso für jede andere Unterlage.
Wir dürfen uns nun aber keinesfalls dazu verleiten lassen, ein schmuckes Band oder kunstvoll geschlungene Schleifen als verbindendes Mittel zu benutzen! Stoff und Bänder sind bei dieser Art Zusammenstellung widersinnig. In besonderen Fällen sind sie am ehesten noch bei der reinen Formbinderei (mit Strohblumen oder Zapfen und Grün gearbeitete strenge Formen, wie Kranz, Kugel, Pyramide) zu gebrauchen. Bänder werden ganz allgemein in der Binderei nur dort verwendet, wo sie optisch auch eine Aufgabe zu erfüllen haben. Es muß wenigstens so aussehen, als ob hier etwas zusammenzuhalten oder mit Band zusammengebunden ist; wie zum Beispiel eine Straußgarnierung auf einem Trauerkranz wirken soll, als sei dieser daraufgebunden. Band ist angebracht bei Straußschmuck auf einem Geschenkpäckchen. Band paßt zur Biedermeierform des gebundenen Straußes und ebenso zum kunstvoll arrangierten Repräsentationsstrauß für festliche Anlässe. In Vase und Schale aber ist Band nicht am Platz.
Eine *Rangordnung* ergibt sich praktisch von selbst dadurch, daß unsere pflanzlichen Materialien meist eine klare Aussage haben durch die Art ihrer äußeren Gestalt und durch die mehr oder weniger stark ausgeprägte Form der Fruchtstände etwa. Von der Gestalt und Größe her kann eine Pflanze so eigenwillig und beherrschend oder vorherrschend sein – wie etwa unsere Königskerze –, daß sie von der Wirkung her nichts mehr über sich verträgt.
Beherrschend wirkt zum Beispiel auch der mächtige Fruchtstand des großen Bärenklau *(Heracleum)* auf seinen festen und sehr geraden hohen Stielen. Es ist klar, daß bei solchen Pflanzengestalten der Stiel in seiner Geradheit und Höhe sehr zu dieser beherrschenden Wirkung beiträgt. Nehmen wir dem Bärenklau seinen Stiel, so kann die sternartig wirkende Dolde sehr tief gestellt und unmittelbar (natürlich nur bei größeren Gestecken) über der Steckmasse zur Verstärkung des Mittelpunkts dienen. Er bekommt also eine völlig andere, untergeordnete Aufgabe. Ähnliches kennen wir aus der Frischblumenverarbeitung von vielen Liliengewächsen, zum Beispiel der Königslilie. Sie wirkt königlich, vor allem auch durch ihren hohen Stiel, der auffallend gerade und aufrecht gewachsen ist. Schneiden wir die Blüte kurz ab, ist die königliche Wirkung dahin, und wir müssen die Blüte entsprechend kürzer einarbeiten wie viele andere Blütenarten auch.
Nun wird man nach Möglichkeit derart imposante Pflanzengestalten nicht auf diese Weise entwerten. Denn für untergeordnete Zwecke gibt es viele sonstige Möglichkeiten, die sich ganz natürlich für diesen Grad der Wirkung anbieten. Daraus ergibt sich umgekehrt von selbst, daß alles Kurzstielige an Trockenmaterial nur für die untere Steckzone gebraucht werden darf und nicht etwa künstlich auf einen Draht (als Stielersatz) gesetzt und erhöht

wird. Das gilt auch für die Trockenblätter, die nur als Ergänzung unten eingezogen werden.
In außergewöhnlichen Fällen kann aber der Blattschmuck auch einmal zum Selbstzweck und zur Hauptwirkung werden. Wir könnten beispielsweise für einen Wandschmuck gelegentlich drei übergroße Blätter auf einer Unterlage zu einem Gesteck ordnen. Geeignet dafür wären Blätter der Gartenkönigskerze, der Staudenbergenie oder der Pestwurz.
Majestätisch und beherrschend wirkt eine Pflanze meist durch *Stiel und Blüte* beziehungsweise Fruchtstand. Auch die Iris hat gerade und hohe Stiele. Trotzdem empfinden wir sie nicht als königlich oder aristokratisch. Wir verwenden die Iris übrigens auch als Trockenpflanze, nämlich den Stiel mit Fruchtstand. Iris wirken am vorteilhaftesten, wenn wir sie in Gruppen zusammen verarbeiten, und zwar gestaffelt in unterschiedlichen Höhen.
Der Unterschied zu beherrschenden Pflanzen wie der Königskerze ist deutlich. Während wir dort durchaus von *Herrschaftsformen* sprechen können, zählen wir die Iris und die für uns ranggleichen Pflanzen zu den *Geltungsformen,* die wohl eine beachtliche Geltung in der Darstellung beanspruchen, sich aber stärker wirkenden Pflanzen sichtbar unterordnen (oder zuordnen, etwa bei gleichstarken Formen wie Osterglocken in der Frischblumenverarbeitung).
Mit Blumen oder Trockenfruchtständen dieser Gruppe kann man ohne weiteres ein Gesteck arbeiten, worin sie die stärkste Wirkung haben vor solchen Pflanzen oder Trockenteilen, die auch ihnen noch untergeordnet sind. Am schönsten aber sind die Iris in solcher Anordnung, wenn sie in kleinen Gruppen eingefügt sind, vielleicht zusammen mit den Doldenblüten der Schafgarbe *(Achillea),* die in dieser Kombination mit der flächiger wirkenden Blüte lastender sind und unterhalb der Iris stehen sollen.
Nun gibt es natürlich noch Formen und Pflanzenteile, die sich in allen Darstellungen stets unterordnen, dazu noch in Gemeinschaft mit beliebiger Stückzahl. Hier sprechen wir von *Gemeinschaftsformen.* Dazu gehören in bezug auf unser Trokkenmaterial alle Blattarten und Ranken, viele Fruchtformen, Fruchttrauben und Fruchtdolden wie Vogelbeeren, *Ilex*-Büschel und auch Zapfenformen. Von den Blütenpflanzen gehören alle Massenblüher hierher, wie Stiefmütterchen, Vergißmeinnicht und Veilchen, die von Natur aus in der Gemeinschaft mehrerer oder gar vieler immer am schönsten sind. Zu den Gemeinschaftsformen beim Trockenmaterial rechnen wir auch einige Baumpilze.
Wir sprachen davon, daß es auf die Wirkung ankommt. Nicht immer geht die jeweils stärkste Wirkung von der beherrschenden Form oder Pflanzengestalt aus. Es kann auch eine besondere Linienführung oder Bewegung so interessant oder markant sein, daß wir diese Besonderheit herausgestellt sehen möchten und deshalb auf jedes Zuviel an Beiordnung verzichten, das davon ablenken könnte.
Denken wir einmal an die eigenartigen Zweige der Korkenzieherhasel *(Corylus avellana* 'Contorta'), die sich, wie der Name sagt, korkenzieherartig drehen. Ähnlich ist es bei der Korkenzieher- oder Zickzackweide *(Salix matsudana* 'Tortuosa), deren Zweige freilich viel graziler und nicht so spiralig gewunden und gedreht sind. Derartig skurrile Formen vertragen nicht viel um sich. Bei grafisch angelegter

Gehänge aus drei Kugeln: Eichelböden, Lärchenzapfen, Bucheckernfruchtböden und kleine Bergkiefernzapfen auf Styroporkugel geklebt.

An Seidenbändern aufgehängt, Strohblumensträuße in leuchtenden Farben – Gartenstrohblumen, Sonnenflügel, Jungfer im Grünen, Immortellen und Blätter. Strohblumen mit noch nicht ganz trockenen Stielen binden, zum Weitertrocknen umgekehrt aufhängen, da es im Handel fast nur Köpfchen gibt.

Trockengehänge

Farbenfrohes Gehänge in Zapfenform, mit Lotosfruchtständen, Holzbirnen (Import), Strohblumen, präparierten und gebleichten Blättern – jedes Teilchen einzeln gedrahtet, Drahtenden nach dem Anlegen jeweils um die vorhergehenden gewickelt.

Strohblumenkugel, durch langstielige Golddistel und schmale Grasblätter elegant aufgelockert. Dem Zentrum entwachsen in sich gestaffelte Gruppen von Gartenstrohblumen und Golddistel. Kern: Styroporkugel oder mit Draht umwickelter Moosball oder Folienbeutel, mit Sumpfmoos vollgestopft und mit Draht zur Kugelform gewickelt. ▷

Gestaltung, die ihnen am besten gerecht wird, genügen zur leichten Mittelpunktbetonung oft kleine Details.
Eine Hauptwirkung ganz anderer Art ist möglich mit besonders formschönen *Gefäßen* oder zeitnahen skulpturhaften Vasen. Hier kann, ja hier sollte der stärkste Eindruck ruhig einmal vom Gefäß ausgehen, ob mit Frischblumen oder Trockenteilen. Gerade Trockenarrangements geben uns so recht die Gelegenheit, gute und formschöne Vasen und Schalen zur Geltung zu bringen, besonders aber – endlich! – die intensiven Farben der Gefäße. Jetzt können wir unsere guten Sammlerstücke hervorholen, die sonst nur dann und wann für einzelne Rispen oder wenige Blüten aufgestellt werden.
Wir wollen nicht vergessen, daß formschöne Stücke grundsätzlich nur in ihrer sichtbaren Form voll wirksam bleiben. Deshalb soll immer eine Seite ganz zu sehen sein, vom Fuß bis oben zum Rand. Die Gegenseite kann leicht verdeckt oder überspielt werden. Deshalb bleibt das Gefäß in seinen Konturen doch vorstellbar.

Technisches und ergänzendes Zubehör

Hilfsmittel

Messer, Schere, Draht. Neben dem guten Handwerkszeug, einem Gärtnermesser (Okuliermesser) und einer leichten Rosenschere halten wir Wickeldraht und Blumensteckdraht bereit. Steckdraht gibt es in verschiedenen Längen und Stärken, die unter Nummerbezeichnung gehandelt werden. Wir besorgen uns 7er, 10er, 12er und 14er Draht, außerdem zwei Längen grünen Stützdraht, und für sehr dicke Stiele 16er Draht.

Die sehr feinen Stiele einiger zierlicher Trockenblumen und Gräser könnten während des Steckens abbrechen. Da ist uns der Steckdraht eine gute Hilfe. Wir fassen die grazilen Stielchen zu kleinsten Sträußchen zusammen, umwickeln die Stielenden mit einem dünnen 7er Draht und können sie dann mühelos in die Steckmasse einführen.

Schaumstoff, Knetmasse. Für kleine Gestecke mit besonders zartem Pflanzenmaterial, wie feinen Gräsern und ähnlichem, können wir die leichte Schaumstoffmasse nehmen, die sonst für Frischblumen üblich ist. Für schwere Teile ist die Knetmasse besser geeignet. Nach neuesten Erkenntnissen haben sich für größere Zweige und kopflastige Pflanzenteile zwei Methoden bewährt: 1. Die Steckmasse wird mit Moos abgedeckt und mit Draht umwickelt; 2. die weiche Steckmasse wird zusammen mit Töpferton – behelfsweise tut's Lehm – verknetet und in der benötigten Größe ausgeformt.

Moos. Haben wir extra schwere oder kopflastige Trockenfruchtstände zu verarbeiten, greifen wir zum bewährten Moosball, da die Knetmasse in diesen Fällen nicht fest genug zusammenhält. Aber auch sonst ist der altbekannte Moosball, für den wir eine Handvoll Polstermoos (oder auch *Sphagnum,* das weißliche Hochmoormoos) zu einer Halbkugel formen und mit Wickeldraht umwickeln, natürlich gut zu gebrauchen.
Moos als Steckbasis brauchen wir nicht abzudecken; dagegen sollte jeder Ersatz aus Kunststoff kaschiert werden, so daß er kaum noch zu sehen ist. Das Stück Steckmasse nehmen wir besser nicht zu groß – es muß durchaus nicht restlos das

Gefäß ausfüllen –, so vermeiden wir von vornherein, daß die zu betonende Mitte zu massig und plump gerät.

Kugeln und Kegel. Für die Formbinderei aus Strohblumen und anderen pflanzlichen Trockenmaterialien gibt es vorgeformte Kugeln und Kegel in verschiedenen Größen. Sie bestehen aus einer harten Styropormasse wie das bereits erwähnte Styrofoam (in Platten). Diese sogenannten Unterformen lassen sich mit einer neuartigen Haftmasse auf jede Unterlage fest aufkleben, ob sie aus Holz, Ton oder Steinzeug besteht. Auf Korbdeckel, Keramikgefäße, Glasplatten oder Metallteller gesetzt, haften sie genausogut.

Blumentopf. Eine gute Arbeitshilfe ist der mit Moos gefüllte Blumentopf, der alle gedrahteten Teile aufnimmt; auf dem Tisch abgelegt, würden sich die Drähte und die brüchigen Pflanzenteile nur ineinander verfangen. Es sollte mindestens ein 12er Topf sein, nicht kleiner, denn er muß unbedingt standfest sein. Die Moosfülle (*Sphagnum* oder ein anderes Moos) wird fest eingedrückt, damit die kopflastigen Drähte gut darin halten. Die Drahtenden lassen sich leicht und schnell einstecken. Das so vorbereitete Trockengut bleibt geschützt und stets griffbereit, vor allem, wenn die einzelnen Teile im Moostopf strahlenförmig nach allen Seiten gesteckt sind.

Gefäße und Gesteckunterlagen

Die Wahl des Gefäßes für ein Trockenarrangement fällt nicht immer ganz leicht. Am einfachsten ist es vielleicht noch bei den Strohblumen. Da haben wir es immerhin mit farbigen Blüten zu tun wie bei Frischblumen.

Bei der Gefäßwahl taucht sofort auch die Frage nach der *Umgebung* auf. Wohin wird das Gefäß mitsamt Blumen oder das Gesteck kommen? Es ist ganz selbstverständlich, daß der Standort die Gefäßwahl mitbestimmt: ob hell oder dunkel, behäbig oder grazil und leicht, elegant oder sachlich-einfach wie zum Beispiel alte Gebrauchsgefäße (Krüge, Kessel, Becher, Schüssel).

Auch Materialart und -charakter beeinflussen die Wahl des Behältnisses. Problematisch wie bei den Frischblumen ist *Porzellan* auch beim Trockenarrangement. Für Trockenfruchtstände ist es meistens zu hart und spröde von der Festigkeit (Dichte) des Materials her, zu steif und glänzend von der spiegelnden, durchsichtigen Oberfläche (Glasur) her, zu kalt und hart von der Farbe her. In diese Gefäße passen noch am besten die Strohblumen, die in Struktur und Charakter Verwandtschaft zeigen und durch die frischen, aber nicht ebenfalls harten Farben die strenge Sachlichkeit und oft kalte Eleganz des Porzellans wärmer erscheinen lassen.

Verträglicher wird Porzellan, wenn es mehr Steinzeugcharakter hat. Dickwandigkeit nimmt ihm das Empfindlich-Zerbrechliche, die Über-Eleganz; Mattglasur mildert die Härte der allzu glatten Oberfläche. Weiß wirkt weicher, wenn es durch rauhe Oberfläche poröser erscheint.

Ähnlich wie mit Porzellan verhält es sich mit Glas. Wenn wir für ein Trockenarrangement ein Glasgefäß nehmen, dann sollte es eine einfache und klare Zweckform haben, dickwandig sein, durch leichte Tönung weniger durchsichtig erscheinen (flaschengrün, rauchfarben).

Am beliebtesten sind für unsere Darstellungen formschöne, doch unaufdringliche

Rinden- und Schuppenengel in verschiedenen Größen. Flügel aus Naturrinde geschnitten, Kopf wie beim großen Engel.

Kleiner Engel (etwa 8 cm) mit Röckchen aus Hüllblättern des Maiskolbens (geschnitten). Gebleichte Distelfruchtböden geben den tief hinabreichenden Kragen und den Haarschopf ab. Flügel aus Edelholzfurnier.
Aus Maiskolbenblättern geschnitten sind die Blüten und Sterne, mit Strohblume oder Lärchenzapfen in der Mitte.

Schmückendes aus Naturformen

Schuppen und Zapfen geklebt: Stern (kleiner Bergkiefernzapfen auf großen Schuppen der Schwarzkiefer) und Engel (Zapfenschuppen, Lärchenzäpfchen als Krönchen, Kokosfasern als Haarschopf).

Engel im Rindengewand. Rock aus naturbelassener Baumrinde geschnitten, Kragen aus einem Zapfenende, Flügel aus Zapfenschuppen geklebt, Kopf samt Krone aus bemalter Mohnkapsel. (Alle Arbeiten zu diesem Thema: Sirius-Kunsthandwerk, Murg-Oberhof. Handarbeit, ges. geschützt) ▷

Gefäße aus *Steinzeug, Ton* (auch Klinker) und *Keramik* in zurückhaltender, nicht auffälliger Tönung. Denn die Gefäße sollen in der Regel keine hervorstechende Eigenwirkung haben, sondern sich den Blumen und Pflanzenteilen beigesellen und oft gänzlich unterordnen.

Sehr geschätzt sind für Trockenarbeiten auch die meist recht neutralen *Metallgefäße,* alt und neu, aus Zinn, Kupfer, Messing und Bronze. Vereinzelt gibt es auch brauchbare Silbergefäße.

Mit den reinen Trockengestecken sind wir natürlich sehr beweglich und sogar weitgehend unabhängig vom Gefäß. Deshalb können wir, ähnlich wie bei weihnachtlichen Gestecken mit Nadelgrün, vielerlei Gesteckunterlagen verwenden.

An *Flechtwerk* bieten sich viele Variationsmöglichkeiten: schöne Korbgebilde aus Weidengeflecht, Peddigrohr, Maisstroh, Stroh, Holzspan, Hanfstricken und Kokosfaser. Vom Brotkörbchen, Einkaufskorb, Papierkorb, Schirmständer bis zum handfesten Obstkorb und zur Korbschale ist alles für Trockengestecke geeignet.

Aus Holzspan gibt es nicht nur einfache Obstkörbe, Marktkörbe und reizende Spanschachteln, sondern auch flache Untersetzer, und das in vielen Farben.

Bestens geeignet sind auch Unterlagen, Untersetzer, Matten und Sets aus Binsengeflecht, aus Bast, Maisstroh, exotischen Schilf- und Grasarten, sogar aus dünnen Furnierstreifen vieler Edelholzarten. Dieses Holzgeflecht ist – unauffällig – beschichtet und damit wasserfest. Deshalb kann es auch als Unterlage für Frischblumengestecke dienen, wenn wir das nasse Steckmassestück in einen Folienbeutel geben. Natürlich ist Flechtwerk in Form von Sets, Spanholz, Binsen und Matten aus anderen Flechtmaterialien nicht weniger reizvoll.

Gesteckunterlagen aus *Holz* bringen weitere Abwechslung, sei es eine Baumscheibe, ein Ast oder ein Birkenbrettchen mit seiner weißlichen Rinde. Natürlich sind auch Teller und Schalen aus Holz geeignet. Oder wir nehmen quadratische oder rechteckige gehobelte Naturholzbrettchen. Für bestimmte Zwecke können wir sie mit einem farblosen Mattlack streichen oder auch mit einem farbigen Anstrich versehen.

Vielfach werden wir es vorziehen, einfachste Holzformen (Preßholz, Sperrholz, Furnier-Reststücke) oder Styrofoamstükke als Unterlage mit Rupfen, Baststoff, Molton oder PVC-Folie zu beziehen. Die Styrofoamplatten lassen sich leicht mit einem scharfen Messer schneiden, so daß wir aus den genormten Platten (62 × 40 × 5 cm) handliche Stücke selbst zurechtmachen können. Die Dekorationsstoffe gibt es in leuchtenden und stumpfen Farben. Solche bezogenen Platten verhelfen zu wirkungsvollen Rückwänden oder Hintergründen für modischen Wandschmuck aus Trockenmaterial.

Zum Holz als Unterlagen gehört unter Umständen der Baumschwamm, wenn wir größere Stücke davon zur Verfügung haben. Interessant kann das Trockengesteck auch auf einem Wurzelstück sein. Knorrige Wurzeln sollen als Unterlage nie gestellt, sondern immer gelegt verarbeitet werden. Wir probieren zuvor aus, wie sie am sichersten und besten liegen.

Vor allem in modernen Räumen können wir auch mit Unterlagen aus *Metall* arbeiten, das in geometrischen Formen und Streifen oft sehr gut wirkt. Messing und Kupfer ist ebenso geeignet wie Eisen, matt glasiert (mit Mattlack). Metallscheiben und -platten, wie auch schmale und breite rechteckige Stücke aus Messing- und Kupferblech, ergeben übrigens einen ausgezeichneten Hintergrund für Trockengestecke als Wandschmuck.

Beiwerk

Je besser wir unser Material kennen, um so leichter ist die Verarbeitung. Ein Grundsatz der japanischen Blumenstellkunst lautet: Es sollen nur solche Blumen und Pflanzenteile verwendet werden, von denen dem Gestaltenden die Pflanze als Ganzes in Gestalt, Aufbau und Wuchsart bekannt und vertraut ist.

Dieser Grundsatz ist auch für unsere Art der Gestaltung eine wichtige Voraussetzung. Wer die Pflanze kennt, weiß schneller, wie die einzelnen Teile zu nehmen und darzustellen sind. Wer Pflanzengestalten und -formen studiert, erkennt sehr bald, daß die Natur selbst zeigt, was unseren Zusammenstellungen als Beiwerk, außer Grün und Blumen, dienlich sein kann und die Gestaltung oft erst abrundet. Selbstverständlich sollen diese Details nicht generell jedem Stück beigegeben werden, sie müssen sich passend einfügen.

So sammeln wir zum Beispiel trockene Wurzelgebilde, Steine in unterschiedlicher Gestalt und Form, Flechtenzweige, außerdem Holzpilze, die am Fuße absterbender und an Baumstümpfen gefällter Bäume zu finden sind und wir alle auch als Baumschwämme kennen. Wer Phantasie hat, wird auf seinen Spaziergängen durch Wald und Feld noch manch anderen Dingen begegnen, die sich als Beiwerk eignen.

Nur bedingt, nämlich vom Material her, können unter dem Begriff „Beiwerk" auch Kerzen mit angeführt werden – von der Gestaltung her geben Kerzen den Grundton an, auf dem wir unsere Komposition aufbauen. Denn mit der Verwendung einer Kerze ist eine ganz bestimmte Funktion vorgegeben – sie soll brennen, soll ihren festlich-sanften Schein verbreiten. Wo sie diese Funktion nicht uneingeschränkt erfüllen kann, hat sie ihren Zweck verfehlt.

Bei der Auswahl der Kerzen nach Form und Farbe werden wir natürlich das zusammen mit ihnen zu verwendende Trokkenblumenmaterial berücksichtigen. An Formen kann alles Schlichte, Ungekünstelte verwendet werden. Bevorzugen werden wir stets die ganz einfachen, glatten Kerzen, mögen sie nun zylindrisch, konisch oder eckig geformt sein. Gedrehte Kerzen oder gar solche mit modischer Oberflächenbearbeitung überzeichnen ihre dominierende Rolle innerhalb eines Gestecks, sprengen also seine Harmonie.

Ähnliches gilt auch für die Farben: sobald die Töne hart, grell und aggressiv werden, ist die Harmonie dahin. In weichen, unaufdringlichen Tönen dagegen steht uns eine reiche Farbenskala zur Verfügung, ganz zu schweigen von den nie verfehlten Weißtönen und dem Honigton echter Bienenkerzen.

Für eine ausgewogene Gestaltung empfiehlt es sich, die heute so beliebten über schlanken Kerzen paar- oder gruppenweise zu verwenden, gegebenenfalls in unterschiedlichen Längen.

Keine Splitter gibt es bei der Verarbeitung von Kerzen, wenn wir sie etwa 10 Minuten lang handbreithoch in handwarmes Wasser stellen und dann erst andrahten; dazu führen wir zwei 12er-Drähte schräg gegeneinander mit der Spitze zum Docht hin in das erwärmte Wachs ein. Noch ein Tip: nicht nur des Moosballes, sondern vor allem auch des später herablaufenden

Blüten aus Maiskolbenscheiben und Erlenzapfen. Das Zäpfchen ist in der Mitte mit Draht umwickelt; dieser wird durch die körnerlose Scheibe hindurchgestoßen.

Blüten aus Erlenzapfen und Hüllblättern des Fruchtstandes vom Großen Bärenklau: sie werden oberhalb des umgebogenen Drahtes sternartig eingeklebt.

Blüten und Sterne

Zierlicher Kranz aus Mäusedorn und Blütengebilden aus Maiskolbenscheibe mit Erlenzapfen.

Aus Naturteilen montiert. Links oben und rechts unten: Holzsterne aus schräg gesägten kleinen Astscheiben (Mittelpunkt aus Kiefernzapfen mit eingeführten Erlenzapfen). Rechts oben: Blüten aus Hüllblättern des Maiskolbens geschnitten, mit Lärchenzapfen in der Mitte, links: aus Fichtenzapfenschuppen, die in einer leeren, mit Maiskorn oder Erlenzapfen verzierten Maiskolbenscheibe stecken. (Alle Arbeiten zu diesem Thema: Sirius-Kunsthandwerk, Murg-Oberhof. Handarbeit, ges. geschützt) ▷

Wachses wegen empfiehlt es sich, für ein Gesteck mit Kerzen eine Unterlage zu verwenden.

Blätter, Zweige, Grün

Blätter sind kein Beiwerk zu unseren Trockengestecken im obenerwähnten Sinne, sondern bei vielen Zusammenstellungen notwendige Ergänzung und wichtiger Bestandteil. Für viele ist es noch ungewohnt, bei Trockenarbeiten Blätter zu nehmen; man sollte aber viel mehr davon Gebrauch machen.

Im Handel werden, neben den altbekannten Buchenlaubzweigen, nach und nach immer mehr Arten angeboten, etwa präpariertes Eichenlaub und kleinblättrige Roß- und Eßkastanie.

Im Herbst können wir abgeworfene Blätter von vielen Laubholzarten selbst sammeln. Andere Blätter lassen sich zeitig im Sommer noch grün pressen. Gebleichte Farnwedel kann man kaufen. Im Handel gibt es auch noch andere sehr schöne, hell bis weißlich ausgebleichte Blätter. Sie eignen sich ausgezeichnet zum Auflockern kompakter Strohblumenkugeln.

Man muß wissen, daß sowohl gepreßte, ganz flache Blattformen gebraucht werden wie auch von Natur aus leicht oder stark eingerollte und auch gewellte. Sehr grazile Blätter (einige Farnarten zum Beispiel) pressen wir am besten in der Pflanzenpresse oder zwischen den Seiten alter Bücher oder Zeitschriften.

Kleine und mittelgroße gepreßte Blätter können wir zu kleinen Büscheln von je 3–5 Stück zusammendrahten. Wir nehmen hierfür 7er Stützdraht, fassen die Blätter an den Stielen locker zusammen und umwickeln alle Stiele fest mit dem Draht. Das geht für Rechtshänder folgendermaßen vor sich: Blattbüschel in die linke Hand nehmen, zwischen drei Fingern halten, 7er Draht von vorn so auf die Stiele legen, daß er nach links 3–4 cm übersteht. Damit der Draht nicht wegrutscht, Daumen auf Draht und Stiele drücken. Dann das längere Drahtende von oben nach unten spiralförmig um die Stiele schlingen. Während des Umwickelns den Draht immer wieder fest anziehen, damit die Spirale den Stielen hautnah aufliegt. Das restliche Drahtende zum Schluß gerade nach unten ziehen. Wir brauchen es nachher zum Befestigen des Blattbüschels.

Gewellte oder leicht eingerollte Blätter werden vorwiegend als Einzelteil eingesteckt oder eingearbeitet; sie können sehr zur lebendigen Wirkung beitragen.

Platte Blätter sind, einzeln verwendet, für manche Kombinationen zu langweilig. Das gilt vor allem für großflächiges Laub. Für etliche Blätter ist folgende Zwischenlösung angebracht: In der Pflanzenpresse oder zwischen den Seiten alter Bücher vortrocknen lassen, aber nur halbfertig. Dann auf Zeitungspapier nebeneinander auslegen und in einem nicht zu warmen Raum allmählich vollends trocknen lassen. Durch diese kleine Mühe machen wir uns eine ganze Anzahl Blattarten „dienstbar“, die sonst nicht so gut tauglich sind. Selbst Rosenblätter behalten weitgehend die Form und rollen sich nur geringfügig ein.

Auf diese Weise vorbereitet, eignen sich für unsere Zwecke Blätter von Flieder, Forsythie, schmale Blätter von Weidenarten und Sanddorn, großflächige Blätter von Königskerze, Wein, Roßkastanie, Eßkastanie, von Christrose und Pfingstrose. Allerdings erfordern die meisten Blätter ein behutsames Andrahten, wenn nötig auch einzeln, damit sie während der Verarbeitung ganz bleiben.

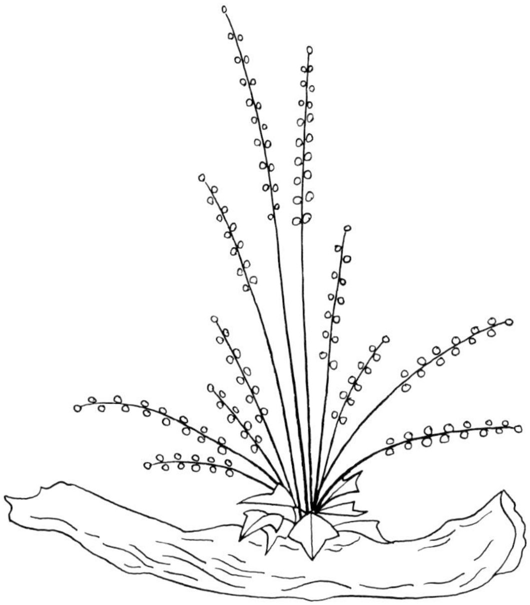

Gesteck mit Wildgräsern auf Wurzelstück. Bei sehr zierlichen Gestecken mit sehr feinen Gräsern genügen zur Abdeckung der Steckmasse und gleichzeitigen Betonung des Wachstumspunktes einige büschelweise angedrahtete Efeublätter.

Für mittlere und kleine Gestecke haben wir einige Grünarten, die nicht unbedingt vorher getrocknet sein müssen, da sie ohnehin verhältnismäßig kurz geschnitten werden und die meisten ihre Form nach dem Eintrocknen am Gesteck kaum verändern: Buchsbaum, Efeu, Mahonie, Rhododendron und Kirschlorbeer *(Prunus laurocerasus)*. Hervorragend geeignet für diesen Zweck sind von den Nadelholzarten die Eibe und der Wacholder, die in Form und Farbe so bleiben, wie sie frisch verarbeitet wurden.

Die Falsche Mimose *(Acacia decurrens)* ist überaus wirkungsvoll in Trockenzusammenstellungen, vor allem natürlich in Tischgestecken. Sie ist für die großen Arrangements so wertvoll wie für die kleinen, da wir die Wedel entweder als Ganzes verwenden können oder auch nur die Seitentriebe, die wir dann zweckmäßig zu Büschelchen drahten (7er Steckdraht). Zu Büscheln gedrahtete Falsche Mimose kann bei den meisten Tischgestecken gut zur Verstärkung der Mitte verwendet werden.

Ein eigener Arbeitsplatz erleichtert dem Hobby-Floristen das Werken. Dieser selbstgebastelte Wandschrank hat sich als äußerst praktisch erwiesen. Maße 100 × 65 × 24 cm.

Beim Anblick einer so reichhaltigen Werkzeugmappe denkt mancher sicher nicht unbedingt an floristische Arbeit. Das heutige Werken jedoch an floristischen Objekten erfordert zusätzliches Handwerkzeug. Fortgeschrittene finden wertvolle weitere Werkzeug-Hilfen im Florist-Set. (Fa. Sentgen)

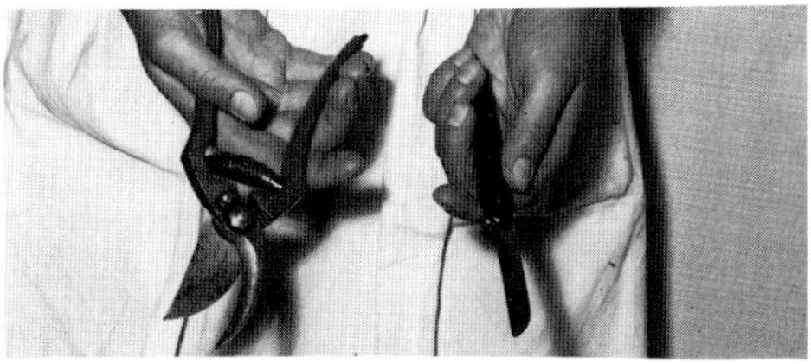

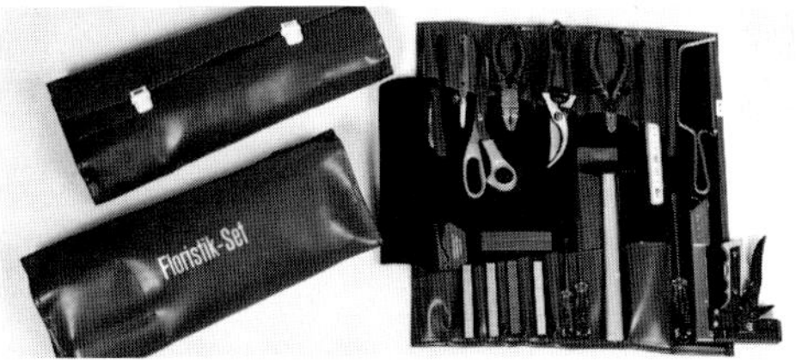

Arbeitshilfen: Werkzeug, Hilfsmittel, Arbeitsplatz

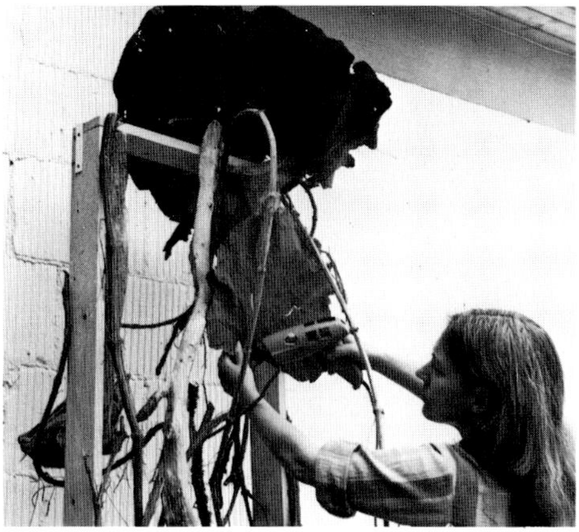

Für das Anfertigen von Collagen mit pflanzlichen Materialien sowie für mancherlei Montagen und floristische Objekte hat sich in der heutigen Floristik auch die Klebepistole bestens bewährt (z. B. »Die Grüne von Oasis«).

Alter Bauernschrank mit neuem »Innenleben«. Bauernschränke wie dieser bieten sich förmlich an für alles Zubehör und als Zwischen-Plazierung unserer Fertigstücke! Alles ist schnell überschaubar und griffbereit unterzubringen, zudem ein ausziehbarer oder aufklappbarer Arbeitsplatz leicht installiert. ▷

Verschiedene Gesteckarten mit Beispielen

Wir wollen uns das Werken mit Trockenblumen so reizvoll und abwechslungsreich wie möglich gestalten. Nebenbei macht es doppelt so viel Spaß, wenn man selbst findet, was gut zusammensteht oder noch besser aussieht.

Kleine Gestecke

Mit Heidekraut. Anstatt wie früher üblich nur ein Sträußchen Heide *(Calluna vulgaris)* in eine Vase zu geben, machen wir jetzt ein hübsches Gesteck daraus. Das Heidekraut wird ganz von selbst zur Trockenblume; wir können es also gleich frisch einarbeiten. Da Heidekraut grazil und leicht ist, wäre es unsinnig, ein mächtiges Gesteck daraus fertigen zu wollen. Wir wählen also ein kleines oder mittelgroßes Gefäß mit höchstens 15 cm Durchmesser und flachem Rand.
Die Heidestiele werden, immer zwei und drei zusammen, gruppenweise so gesteckt, daß es aussieht, als ob sie aus einem Punkt (Wuchsmittelpunkt) herauswachsen. Alle Stielgruppen aber sind wieder so anzuordnen, als sei das Ganze eine Heidekrautpflanze.
Zu den grazilen kleinen Heidezweigen steht eine etwas kompaktere Pflanzenform günstig. Selbst das Hasenschwanzgras *(Lagurus ovatus)* mit den stumpfkegeligen hellen Fruchtständen ist dazu schon geeignet. Wir stecken es wiederum in Gruppen und sind schneller fertig, wenn wir jeweils drei oder fünf Stiele gleich in drei verschiedenen Höhen schneiden, unten die Stielenden nochmals miteinander geradestutzen und mit einem 7er Stützdraht umwickeln. So stecken sich die Gruppen und Grüppchen leichter und rascher als jeder dünne Grasstiel einzeln. Für das Zentrum schneiden wir diese Büschel besonders kurz, damit sie eine kompaktere Mitte bilden. Zum Schluß legen wir vielleicht einige kleine Kieselsteine vorn und hinten dazu; sie passen zum Standort von Heide und Gras.
Für die Mitte eignen sich: als feste Doldenformen Schafgarbe *(Achillea)*, Fruchtstände vom Spierstrauch *(Spiraea)* und von der Fetthenne *(Sedum spectabile)*. Fast alle Distelarten sind ebenfalls verwendbar dafür. Wuschelige Waldrebenfruchtstände *(Clematis vitalba)* dagegen sind allein nicht handfest genug für die Mitte. Dazu stehen gebüschelte Beeren von der Zwergmispel *(Cotoneaster)* gut oder kräftige Hagebutten.
Außer von Hagebutten können wir mit folgenden Früchten kurzstielige Büschel fertigen: Efeufruchtstände *(Hedera)*, Schneebeeren *(Symphoricarpos)*, Feuerdorn *(Pyracantha)*, Zwergmispel *(Cotoneaster salicifolius)*, Mahonien und Quitte *(Cydonia)*. Für mittlere Gestecke gibt es an mittelgroßen Früchten: Mispel *(Mespilus)*, zeitig geschnitten, Edelkastanie *(Castanea)*, frühzeitig geschnitten, Roßkastanie *(Aesculus)*, im Sommer geschnitten, und Platanen *(Platanus)*.

Größere und große Gestecke

Zierkürbisgesteck. Als extremes Gegenbeispiel zur Heide führen wir eine Anordnung mit sehr schweren Fruchtformen an. Was macht man zum Beispiel mit Zierkürbis *(Cucurbita pepo* var. *ovifera)*? Zierkürbisse wirken am besten in einem großen, schalenartigen Gefäß und besonders gut auf einem flachen Korbteller, der einen Durchmesser von 40 cm haben darf und mehr. Zwischen einem guten halben Dutzend verschiedener Kürbisformen (Flaschen-, Birnen-, Apfelkürbis) wird ein kleineres, mit Steckmasse gefülltes Gefäß (z.B. Käseschachtel, Kompottschälchen) gut verborgen aufgestellt; das heißt, wir arrangieren die Früchte darum herum. Sie sind eine mächtige Mittelpunktbetonung, die es aufzulockern gilt.

Hier brauchen wir natürlich verschieden große Übergangsformen. Als nächste wären ein Dutzend kräftige Mohnkapseln *(Papaver)* recht, gestaffelt und in Gruppen eingearbeitet. Die weitere Staffelung entsteht mit Iris-Gruppen. Dazwischen passen einige Beerenzweige, damit die Strenge der zahlreichen geraden Stiele gelockert wird; auch Hagebutten auf mittellangen Stielen machen sich dazu gut.

Nach oben wird aufgelockert mit verschieden starken Gräsern, z.B. Silberfahnengras *(Miscanthus)*, Sandrohr *(Calamagrostis epigejos)* oder auch Lampenputzergras *(Pennisetum)*, und nach den Seiten auslaufend das Ganze auch hier aufgelokkert mit Ranken der Waldrebe *(Clematis)*; hierfür würden auch markante Zweige mit fruchtbesetzten Enden vom Essigbaum *(Rhus typhina)* gut aussehen.

Flacher Korb mit Maiskolben. In einen flachen Korb passen auch Maiskolben gut, zu zweit und dritt in Gruppen arrangiert. Dazu Irisfruchtstände und Mohnkapseln, ausladend, und dazwischen Zweige von Zieräpfeln *(Malus)*. Es gibt Sorten von Zieräpfeln mit sehr kleinen Früchten, die bis tief in den Winter hinein hängen bleiben. Es sind Bäume und Sträucher mit goldgelben, grüngelben oder auch rotbackigen Früchten. Dazu passen kräftige hohe Gräser wie das Goldbandleistengras *(Spartina)* oder das Silberfahnengras *(Miscanthus)*.

Staudengesteck. Warum nicht einmal eine Kombination mit der Trockenernte vom Staudenbeet? Schafgarbendolden *(Achillea)*, kurz gefaßt und etwas nach oben gestaffelt, und Frauenmantel *(Alchemilla)* werden aus dieser Mitte ausladend ausgezogen nach den Seiten. Die nächste Staffelung bilden Iris, dann kommen Rittersporn *(Delphinium)* und zuletzt Gräser, z.B. Sandrohr *(Calamagrostis epigejos)*, Federborstengras *(Pennisetum)* oder auch die Riesensegge *(Carex pendula)*. Wahlweise können auch Wildgräser mit unterschiedlich kräftigen Rispen verwendet werden.

Gräsergesteck für Bodengefäße. Gräser können (als Geltungsformen) sowohl reine Nebengruppen als auch, in manchen Fällen, die Hauptgruppe bilden. Das ist leicht vorstellbar bei den großen Formen wie Pampasgras, Silberfahnengras oder Chinaschilf.

Ein großes Gräsergesteck für Bodengefäße, auf Hocker und niedrige Truhen gestellt, könnte folgendermaßen aussehen: Für die Mitte nehmen wir einige der kegelförmigen, herbstlich abgetrockneten Blütendolden der Strauchhortensie *(Hydrangea arborescens)*. Die größeren sind sehr kurz zu schneiden, die kleineren werden mit verschieden langen Stielen darüber gestaffelt. Ausladend nach den Seiten nehmen wir für den Grund Farnwedel, daraus ausgezogen (auch in die Höhe) mit Bucheckern besetzte Zweige. Diese Staffelung wird überragt von einigen Pampasgräsern *(Cortaderia)*, zusammen mit ho-

Wandbild auf Holzplatte, genagelt und geklebt. Gruppenhafte Aufteilung erfolgt durch das Zueinanderordnen der unterschiedlich langen, schmalen gestrichenen Holzlatten; die breiteren Lattenstücke betonen die Gruppierung. Trockenteile: Fuchsschwanz, Hirsefruchtstände und Tillandsien-Ranken. (Staatl. Fachschule für Blumenkunst, Weihenstephan)

Ein Wandbild entsteht in einem Holzrahmen ohne Rückwand. Schnüre, durch oben und unten eingedrehte Schraubhaken gespannt, ermöglichen ein flechtartiges Einarbeiten der Trockenteile. (Staatl. Fachschule für Blumenkunst, Weihenstephan)

Wandbilder

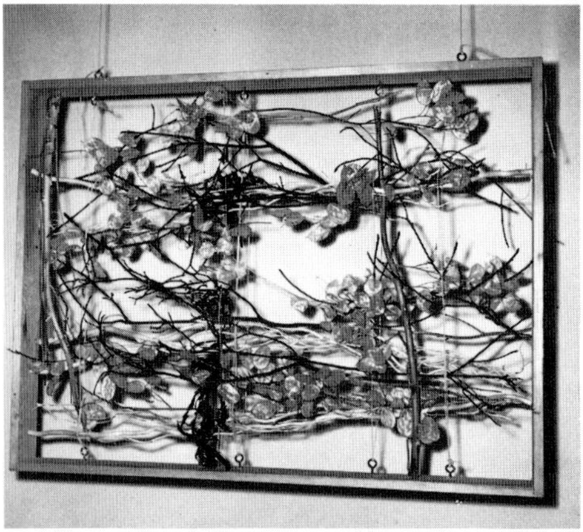

Das fertige Werkstück aus gebleichten Weidenzweigen, Silberlingzweigen und roten Hartriegel-Ästchen.

Breiter Rahmen mit Zimtspitzen (Ausschnitt). ▷ Durch das vielfache Versetzen der Spitzen wird eine starke Tiefenwirkung erreicht. Verstärkt wird dieser Effekt durch die gruppenhafte Vertikalbetonung und durch die quer hindurchlaufenden Philodendron-Luftwurzeln. Genagelt und geklebt. (Wunibald von Wissel, Karlsruhe)

hen, schmalen Rispen des Sandrohr- oder Reitgrases *(Calamagrostis epigejos)*.

Imposanter Bodenschmuck. Zwei andere Zusammenstellungen, ebenfalls größeren Ausmaßes, für ähnliche Standorte:

1. Die Mitte arbeiten wir aus dicht und gestaffelt gesteckten Dolden des Schmetterlingsstrauches *(Buddleja)*, ausladend und überhängend dazu in Gruppen zusammengefaßte Fuchsschwanzwedel *(Amaranthus)*; als Grünteile dazu verwenden wir lange Zweigbüschel von Besenginster *(Cytisus scoparius)*, Elfenbeinginster oder Geißklee *(Cytisus × praecox)* aus dem Garten.
2. Als höchste Gruppen (Hauptgruppe mit fünf Stück, zwei kleinere Nebengruppen mit zwei und drei Stielen) stehen hier in ausdrucksvollen Rispen einige kräftige Trockenfruchtstände der Steppenkerze *(Eremurus)*. Dazwischen und ausladend, gleichzeitig nach unten überleitend, nehmen wir die ungemein reizvollen, langgestielten Weidenröschen *(Epilobium)* mit ihren grazilen, leicht gebogenen Trockenfruchtständen, in denen die Samengebilde wie Watteflausch hängen.

Für Kübel und halbhohe Gefäße. Das folgende Beispiel zeigt ebenfalls eine größere Zusammenstellung. Die höchsten Gruppen bilden wir aus Geißbart *(Aruncus sylvester)*. Für die Mitte unten schneiden wir kurze Seitenzweige von Sanddorn *(Hippophaë)* auf etwa 20–40 cm Länge. Den Rand überspielend und ausladend nehmen wir Eibenzweige *(Taxus baccata)*; sie bleiben nach dem Eintrocknen unverändert in Form und Farbe. Auf halber Höhe (zwischen Geißbart und Sanddorn) stekken wir nach den Seiten ausladend einige Flechtenzweige.

Farbenprächtiges Gesteck. Für ein anderes großes Gesteck nehmen wir als höchste Gruppen Zweige vom Schmetterlingsstrauch *(Buddleja)* mit Trockenfruchtständen. In den verstärkten Mittelpunkt unten kommen diesmal etliche der flachhalbrunden Trockendolden der Gartenhortensie *(Hydrangea arborescens)*, die wir zur Abwechslung einmal weiß spritzen. Ausladend dazu kommen Stechpalmenzweige *(Ilex)*. Einige geradegewachsene Zweige werden entblättert, damit nur der rote Fruchtschmuck mit wirkt, und in die Mitte mit eingearbeitet. Wer mag, kann noch wenige halbhohe Zweige vom Essigbaum *(Rhus)* dazugeben.

Vor dunklem Grund. Die großen Gruppen stellen wir mit Silberfahnengras oder Chinaschilf *(Miscanthus sacchariflorus)*. Die ausladend überhängenden, sehr schmalen Trockenblätter (oft skurril gedreht und gebogen) lassen wir an den Stielen. Das lichte Braun der bewegten Blätter hat zudem eine starke Wirkung. Für die Mitte unten nehmen wir diesmal von *Hydrangea paniculata* die größten der langkegelförmigen Blütenrispen, kurz geschnitten. Darüber kommen die mittelgroßen und dann die kleineren Formen, natürlich alles gestaffelt, nach oben ausgezogen und seitlich ausladend gesteckt. Dazu geben wir in den Grund Trockenblätter von Magnolien (auch gebleichte sind möglich). Alle Trockenblütenkegel der Hortensien werden weiß gespritzt. Wahlweise können Kastanien- und große Eichenblätter anstelle der Magnolienblätter verwendet werden.

Apartes Gesteck mit Zierlauch. Die Mitte unten betonen wir mit Gruppen trockener

Eßkastanienfrüchte (ab Ende August schneiden). Dazwischen kommen grazile, fruchtbehangene Zweige einer immergrünen Zwergmispelart *(Cotoneaster salicifolius)*, deren Blätter wir entfernen, damit die doldigen Fruchtrispen mit den kleinen roten Kugelfrüchten besser zu sehen sind. Abschließend nach unten stecken wir Trockenblätter der Eßkastanie, zu lockeren Fächern gebüschelt und angedrahtet mit 7er- und anschließend mit grünem Steckdraht, der das Drahtende liefert zum Einstecken. Für dieses Gesteck genügen 3–5 großballige Lauch auf verschieden langen Stielen. Sie sind so eigenwillig, daß sie kaum mehr etwas neben sich dulden. Wir nehmen deshalb nur noch einige wenige linear bewegte Zweige der Zickzackweide (*Salix matsudana* 'Tortuosa') hinzu.

Mittelgroße Gestecke

Bei einem flachen Gefäß nehmen wir zur Mittelpunktbetonung frühzeitig im Sommer geschnittene Früchte der gewöhnlichen Roßkastanie *(Aesculus hippocastanum)* und stecken kürzere Zweige des Feuerdorns *(Pyracantha)* mit seinen leuchtend orangeroten Früchten dazwischen. Darüber kommen Buchenzweige mit Früchten (im Juli geschnitten). Noch höhere Gruppen bilden wir mit Silberfahnengras *(Miscanthus sacchariflorus)*.

Für ein weiteres mittelgroßes Gesteck (50–70 cm) verwenden wir für die Mitte Fuchsschwanz *(Amaranthus)*, darüber Papierknöpfchen *(Ammobium)* und Sonnenflügel *(Helipterum)* in Gruppen. Als nächstes kommen einige Stiele Silberling *(Lunaria annua)*, und unten ziehen wir Ginsterbüschel ein. Davon können jedoch auch sehr dünne und schmal-hohe Stiele überragend eingestellt werden.

Weitere Möglichkeiten

1. Mitte aus gelben Achilleen, zusammen mit braunen *Sedum spurium*. Darüber nacheinander gestaffelt: Jungfer im Grünen *(Nigella)*, Sonnenflügel *(Helipterum)*, Sommerrittersporn *(Delphinium ajacis)*, als unteren Abschluß Trockenblätter.
2. Mitte aus Zierkürbis *(Cucurbita pepo* var. *ovifera)*, Mäusedorn *(Ruscus)* als Grün einarbeiten und ausziehen, darüber ausladend Ginsterzweige stecken und als Auflockerung nach oben Grannenhafer *(Avena sterilis)*.
3. Mitte aus Blumenbinse *(Butomus)*, aber kürzer schneiden und etwas in die Höhe staffeln, darunter Zypergras *(Cyperus)*, sehr gekürzt und leicht gestaffelt, dann Rohrkolben *(Typha)*, und noch höher Chinaschilf *(Miscanthus)*; unten abdekken mit größeren Kieselsteinen.
4. Mitte aus dicken Büscheln von Efeufruchtständen *(Hedera)*, darunter Mahonienblätter ausziehen, darüber Jungfer im Grünen *(Nigella)*, nach den Seiten ausladend die Riesensegge *(Carex pendula)*, in die Höhe gestaffelt Iris und Rittersporn *(Delphinium)*.
5. In die Mitte kürzere Ziermispelzweige *(Cotoneaster)* einarbeiten, Ahornblätter *(Acer)* darunter, darüber und ausladend Sauerampfer *(Rumex)*, und für Gräsergruppen dazu den Blaustrahlhafer (*Avena glauca* 'Pendula').
6. Über gefächerten Blätterbüscheln die Mitte mit Gartenhortensien *(Hydrangea)* ausstecken, darüber Zweige mit den sehr zahlreichen, reizenden kleinen Hagebutten der *Rosa multiflora*, darüber Federborstengras *(Pennisetum villosum)*.

Tischgestecke

Tischgestecke sieht man von allen Seiten. Trotz eventuell lockerer Anordnung wer-

Floristisches Objekt auf der Bundesgartenschau Stuttgart 1977. Sehr schwungvoll zusammengefügte Trockenteile verbinden sich zu fast organischer Einheit: Wurzelstücke mit »Nußblütenzweigen« (Handelsbezeichnung für die kompakten Fruchtachsen der Cocos nucifera) und Wurzelstücken. (Johannes Röter, Ulm)

Floristisches Objekt mit olivfarbenem Holzwürfel, grün bemoosten Ligusterzweigen und gelben Farbtuffs einer Exotin (Handelsbezeichnung »Sanfordi« – evtl. Seaforthia elegans?). (Wunibald von Wissel, Karlsruhe)

Freistehende Objekte

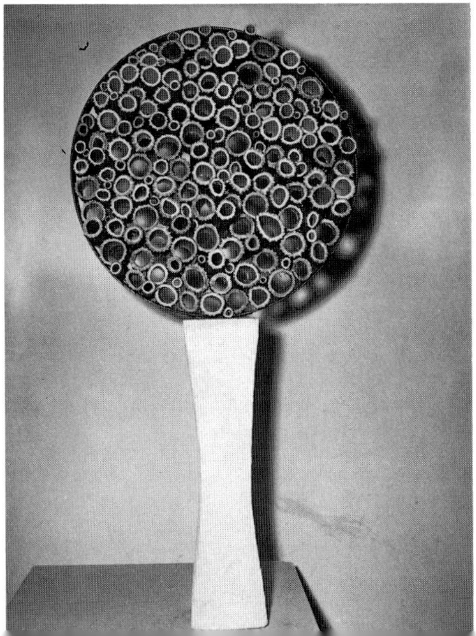

Eisenreifen auf Ytongstab, mit Stielstücken der Großen Herkulesstaude (Heracleum giganteum) in unterschiedlicher Stärke und Länge. Ausstellung »Florale Objekte«, »florist-club« Karlsruhe, Oktober 1978. (Wunibald von Wissel, Karlsruhe)

Objekt auf rotem Holzwürfel. Montage aus gebleichtem Reisstroh und dazu kontrastierenden Fruchtständen der Klette. Ausgestellt in Mannheim und Bonn 1979 durch »florist-club« Karlsruhe. (Wunibald von Wissel, Karlsruhe) ▷

den wir sie allseitig gut ausstecken, ob symmetrisch oder unsymmetrisch.
Sollen Trockengestecke vor einem Hintergrund (auf Truhe, Schrank oder Tisch) mit einer Hauptansicht aufgestellt werden, so werden wir sie trotzdem nicht zu einseitig nach vorn ausarbeiten. Meist sieht man sie doch von drei Seiten. Deshalb sparen wir in solchen Fällen auch die Rückseite nicht ganz aus, sondern gestalten mindestens drei Viertel rund aus, wenn auch sparsam.
Die Zusammenstellungen für Tischdekorationen sind nicht weiter problematisch. Allein an den sogenannten Strohblumen haben wir eine reiche Auswahl. Hinzu kommt eine Anzahl niedriger Stauden und Einjahrsblumen mit Trockenblüten und Fruchtständen, dazu ein ganzes Heer zierlicher Gräser unterschiedlichster Gestalt. Viele Formen liefern uns Wiesen-, Wald- und Wegränder. Die Einjahrsblumen kann man leicht im Garten ziehen; ein Teil der wertvollsten wird aber auch im Handel als Schnitt angeboten, wie Mähnengerste *(Hordeum jubatum)*, Hasenschwanzgras *(Lagurus ovatus)*, Zittergras *(Briza maxima* und *B. minor)* und Federborstengras *(Pennisetum setaceum* und *P. villosum)*.
Reizvolle kleine Staudengräser vervollständigen diesen Reigen: Morgensternsegge *(Carex grayi)*, Plattährengras *(Uniola latifolia)*, Zittergras *(Briza media)* und Blaustrahlhafer (*Avena glauca* 'Pendula').
Der Aufbau solcher Gestecke geht spielend leicht vor sich. Schon einige Strohblumenarten, nach Größe von unten nach oben gestaffelt, mit einigen Blättern nach unten abschließend, ergänzt durch etliche verschieden starke Gräser wie Hasenschwanzgras und Plattährengras, ergeben ein vollständiges Arrangement. Wir können aber auch Strohblumen und Gräser mit Trockenfrüchten und Fruchtständen aus dem Garten und aus dem Freien kombinieren.

Zierliches auf Glas. Folgende Zusamenstellung ist als einfaches Beispiel zu sehen für kleine Gestecke auf einer Glasplatte oder sonst sehr leicht wirkender Unterlage: In die Basis stecken wir einige Trokkenfruchtstandbüschel der Waldrebe *(Clematis)*. Da sie als Mitte zu schwach wirkt, kommen gebüschelte größere Hagebutten dazu. Einige von ihnen (auf etwas längeren Stielen) werden gestaffelt und nach den Seiten sowie nach oben ausgezogen eingearbeitet. Darüber stecken wir einige gelbköpfige *Lonas annua* auf längeren Stielen, natürlich in verschiedenen Längen und nach allen Seiten und nach oben. Dabei werden einige flach ausgelegt. Abschließend nach oben verwenden wir wieder einige Gräser.
Tischgestecke auf flachen Unterlagen, Glas, Keramik- oder Holzplatten finden einen reizvollen und passenden Abschluß nach unten mit rosettenartig gesteckten Blättern in grünem oder getrocknetem Zustand.

Auf farbigen Tischläufern. Kleine Trokkengestelle für eine Tischdekoration bringen wir zu überraschender Wirkung, wenn wir sie auf einen farbigen Mittelstreifen stellen können, der wie ein Läufer lang über die Tischmitte ausgelegt wird. Für diesen Fall dürfen wir leuchtende Farben wählen in Grün, Türkis, Blau, Orange oder Rot – aber immer einfarbig. Dieser durchlaufende Farbstreifen verbindet gleichzeitig die Einzelgestecke optisch miteinander, selbst wenn sie weitläufig stehen. Zur Abwechslung können wir unsere Gestecke auch einmal aufhellen durch „Weißen“ mit Binderfarbe oder Kalk; dann allerdings wählen wir für die Läufer einen gedeckten Farbton von Okker, Olivgrün, Nachtblau oder Braun.

Weißgetönte Kleingestecke

1. In die Mitte kommen Eichelfruchtkelche, die wir nur innen auspinseln, dazu Sauerampferfruchtzweige natur *(Rumex acetosa)*, Riesenflockenblumen *(Centaurea jacea)* mit völlig geweißten Stielen und Fruchtständen, Färberwau *(Reseda luteola)*; als Grün geben wir Efeublätter dazu.

2. Für die Mitte werden Platanenfrüchte *(Platanus)* geweißt. Als Grün stecken wir frische Eibenspitzen *(Taxus)* dazwischen. Darüber kommen in Gruppen, auf verschiedene Stiellängen geschnitten, braunköpfige Sonnenhutfruchtstände *(Rudbekkia)* natur. Über allen erheben sich auf unterschiedlich lang geschnittenen Stielen die sternförmigen Trockenfruchtstände der Herkulesstaude (Bärenklau, *Heracleum*). Von diesen werden nur die Sterne geweißt.

Raumdekoration

Raumdekorationsstück in flachem Kübel. Auf die weißgetönten Kleingestecke abgestimmt, arrangieren wir ein großes, den Raum beherrschendes Gesteck. Für die Mitte werden die Trockendolden von Strauch- oder Gartenhortensien geweißt und gestaffelt übereinander und nebeneinander gesteckt. Als höchste Gruppen nehmen wir die hoch aufgeschossenen, langen Trockenrispen der wildwachsenden Königskerze *(Verbascum)*. Natürlich verarbeitet, heben sich die dunklen Trockenfruchtstiele vorteilhaft von den geweißten Teilen ab.

Für die mittlere Etage, über den Hortensien und unter und zwischen den Königskerzen, verwenden wir Silberfahnengras *(Miscanthus)*. Wer die Gelegenheit hat, noch im Spätherbst von stehengebliebenen Silberfahnengräsern schneiden zu können, wird feststellen, daß jetzt ein Teil der Samen bereits abgefallen ist. Die restlichen Samen werden ganz abgeschüttelt, und zurück bleibt ein bartartiger Fächer, den wir jetzt ebenfalls weißen. Dieser „Bart“ wird sich in unserer Zusammenstellung großartig ausnehmen.

Nach den Seiten ausladend und leicht über den Gefäßrand hängend, werden grüne Wacholderzweige eingearbeitet. Einige wenige, sehr schmale Zweige werden aufstrebend zwischen Königskerze und Silberfahnengras gesteckt.

Bei Verarbeitung von *unbelaubten Zweigen* liegt selbstverständlich die stärkste Wirkung in der Linienführung und Bewegung, die klar herauszustellen sind. Deshalb sollen Zweige in jeder Zusammenstellung in der Ganzheit gezeigt werden. Das heißt, jeder einzelne Zweig muß bis zur Basis, bis zum Mittelpunkt, zu sehen sein. Alles andere wird gruppenweise so dazu gesteckt, daß die Zweige freigestellt bleiben und die Linienführung nicht gestört oder verdeckt wird. Daraus ergibt sich von selbst, daß hier die Zweige die Hauptwirkung ausmachen. Alles andere wird dazugeordnet.

Das sieht in der Praxis folgendermaßen aus: Vor dem Stecken wird das Material gesichtet und nach der beabsichtigten Höhe und Größe ein passendes Gefäß oder die entsprechende Unterlage gewählt. Dann halten wir die Zweige schon einmal versuchsweise zusammen, um die günstigste Wirkung auszuprobieren und sie etwa auch sofort zurechtzuschneiden.

Collage auf Gipsgrund im Holzkasten als Wandbild. Aufgerauhter Untergrund mit Spachtelmasse, dunkelgrün gestrichen mit verlaufendem Goldton, gruppenweise beklebt mit goldfarbenen Stachelbüscheln (Echinocactus), als Akzent eine rote Holzkugel. (Wunibald von Wissel, Karlsruhe)

Dreiergruppe mit Zweigen in verschieden großen Gipsblöcken, schwarz gestrichen. (Studio Wegener, Crailsheim)

Collagen und Montagen, auch in Gips

Flob mit drei Rundeisenstäben, in Gipswürfel: Heidelbeerzweige und Kugeldisteln, dazu Palmringe der Palmyrapalme. Ausstellung »Florale Objekte« des »florist-club« Karlsruhe, 1978. (Wunibald von Wissel, Karlsruhe)

Collage mit ganzen und halbierten Mohnkapseln, ▷ auf dunkelgestrichene Holzplatte geklebt. Die gruppenweise Anordnung in unterschiedlicher Höhenstaffelung ergibt mit den Formkontrasten zusammen eine äußerst interessante, lebendige Darstellung. (Staatl. Fachschule für Blumenkunst, Weihenstephan)

Daraufhin wird, wie üblich, die Steckmasse leicht mit kurzem Material kaschiert (mit Trockenblättern etwa), dann sind zuerst die Hauptzweige zu stecken. Diese können anschließend mit kleineren Zweigen unterschiedlicher Länge in Linienführung und Bewegung verstärkt werden. Erst dann wird mit ergänzenden Formen das Gesteck vervollständigt.
Als Hauptlinien und Mittelpunkt können wir beispielsweise nehmen: Zickzackweide *(Salix matsudana* 'Tortuosa') und Kugeldistel *(Echinops ritro)*, Hartriegelarten *(Cornus)* und Silberdistel *(Carlina acaulis)*, Buchenzweige mit Früchten *(Fagus sylvatica)* und Ebereschenbüschel *(Sorbus aucuparia)*.

Wandschmuck

Eine Anordnung besonderer Art verlangen die Gestecke für Wandschmuck, die ja nur einseitig gearbeitet werden. Die Unterlage ist meist auch Hintergrund, kommt also stark zur Geltung. Je nach Raum und Umgebung kann ein Stück rohes Schwartenholz (für rustikale Räume) oder ein glattgehobeltes Brettchen diese Doppelfunktion übernehmen; aber auch Korbteller eignen sich dazu, ebenso flache Deckel von Flechtkörben sowie gestrichene oder bezogene Brettchen und Styrofoamstücke. Auf Moosball oder Styrofoamstücke (Halbkugelform) stecken.
Für Wandgestecke aller Art bevorzugen wir lineare Anordnungen, weil sie selbst bei größeren Ausmaßen noch leicht und elegant wirken. Hier kommen so recht alle markanten Gehölzzweige mit bewegten Linien und interessanten Formen zum Zuge, wie Korkzieherhasel (*Corylus avellana* 'Contorta'), Zickzackweide (*Salix matsudana* 'Tortuosa'), Bänderweide (*Salix* 'Setsuka'), Pfaffenhütchen mit Korkrinde *(Euonymus alatus)*, viele Hartriegelarten *(Cornus)*, Magnolien, aber ebenso auch Weißdorn *(Crataegus monogyna)*, Kastanie *(Aesculus)* und Zweige alter knorriger Eichen *(Quercus)* und des Essigbaumes *(Rhus typhina)*.
Bei vielen Wanddekorationsstücken vervollständigt eine herabfließende oder fallende Bewegung das Gesamtbild. Je nach Art der Zusammenstellung des verwendeten Materials und der Umgebung haben wir dafür verschiedene Möglichkeiten. Bei rustikalen Formen und Räumen können wir anstatt der üblichen Bänder und Schleifen langgelockte Hobelspäne einziehen, die wir eventuell auch einmal tönen. Oder wir nehmen Kokosstrick, in Abständen zu dickeren Knoten geschlungen und das Ende unter dem letzten Knoten zu einer abschließenden Quaste aufgemacht. Als originelle Gehänge für Wandgestecke können wir Eicheln oder Kastanien auf Schnüre ziehen. Diese Trockenfrüchte reihen wir wie Ketten auf, nachdem sie vorher durchbohrt wurden, oder wir machen vor und nach jeder Kastanie einen Knoten. In dem Stück zwischen den einzelnen Früchten können auch mehrere dicke Knoten geschlungen werden. So entsteht eine Art modisches Kettengehänge.
Für elegantere Wandgestecke können wir Trockenfruchtstände von Hirse *(Panicum)* oder Fuchsschwanz *(Amaranthus caudatus)* bronzieren oder auch weißen.

Flob = floristische Objekte

Neben der üblichen floristischen Verarbeitung von Trockenblumen und Trokkenteilen hat sich eine ganz anders geartete Methode entwickelt. Diese Art der Gestaltung mit Trockenmaterialien wurde

anfangs mit sehr geteilter Meinung aufgenommen und nur von wenigen als neue Möglichkeit gesehen und erkannt.
Harte Kritik dauert über Jahre an und ebenso das Unvermögen, Blumen und Pflanzenteile einmal anders zu sehen und zu verarbeiten als vom »Wuchshaften« her.
Wenn wir aber davon ausgehen, daß ja abgestorbene, trockene Teile von Blumen, Sträuchern, Bäumen, von Flechten und Pilzen sehr brüchig sein können und auch in der Natur draußen durch Knicken, Brechen und Verformen oft nicht mehr wie etwas Gewachsenes wirken – so ist es nicht mehr weit, diese so stark veränderten Gebilde als *Form* zu sehen. Der nächste Schritt ist, Einzelteile dieser erstarrten End-Formen aus dem oft übereinander gestürzten Vielerlei zu lösen – und etwas Neues daraus zu machen.
So hat sich zum Beispiel die »Freie Schule für Floristik und Ikebana« in Crailsheim sehr lange und intensiv mit diesem neuen Weg der Gestaltung befaßt und zeigt heute einen Schulungsweg auf, der auch für jeden »Hobby-Floristen« interessant und möglich ist. Man kann diese Gestaltungsweise also auch als Laie »richtig lernen«, wie etwa durch eigens für Privatinteressenten angelegte Kurzprogramme in Crailsheim bei U. und P. Wegener. Gute Schulung und vertieftes Lernen sind schon erforderlich, denn auch diese Art der Gestaltung hat natürlich ihre eigene Gesetzmäßigkeit. Es ist nicht damit getan, daß man durch Anhäufen und Zusammenfügen »auch ein Objekt« machen will.
Da die pflanzlichen Teile kein Wasser mehr brauchen und bleiben, wie sie sind: unverändert in der äußeren Gestalt, so können wir sie – als Form und Bewegung gesehen – natürlich auch querliegend verarbeiten, oder auf den Kopf gestellt oder mit kreuzenden Linien. Aber es wird kaum etwas Gutes und Anschaubares daraus, wenn wir uns nicht zuvor eingehend mit der Wirkungsweise von Formen, Linien und Bewegungen befassen. Diese Schulung geschieht ja bereits in der floristischen Arbeit auch. Aber: die Gestaltung dieser Art mit Trockenteilen ist eine gewisse gedankliche Weiterführung und hat ihre eigene Gesetzmäßigkeit, die wir neu sehen und selbst erfahren und nachvollziehen müssen – um letztlich zu einer guten eigenen Gestaltung zu kommen.
Erstarrte Formen sind End-Formen des Lebendigen.
Die uns bisher geläufige floristische Arbeit mit lebendem pflanzlichem Material war stark wirksam durch ihre Welt der elastischen Frisch-Formen *und* durch das *Lebendige* der pflanzlichen Gestalt. Hierbei ist sicher auch die Tatsache der begrenzten Haltbarkeit und Dauer des Lebendigen zusätzlich wichtig, das Wissen um Wachsen, Werden und Vergehen.
Jetzt aber arbeiten wir mit erstarrten Formen, die ohne Leben sind. Aber – es sind Endformen des Lebendigen!
Und auf ganz andere Weise können sie skurril und lebendig wirken. Dieses Eigenartige an Wirkung macht die Eigenwilligkeit der Form und Bewegung besonders deutlich.
Auch *das ist Natur!* Diesen Teil haben wir bislang nur kaum beachtet und zu wenig wahrgenommen. Durch das Besondere aber in der anders gearteten Zusammenstellung wird diese Seite der Natur auf eine neue Art äußerst lebendig veranschaulicht!
Dieses »Bewußt-machen-können« ist etwas, das erlernbar ist. Aber es kann nur gelingen, wenn wir bereit sind, neu zu ler-

Plastikartiges Objekt mit gesägtem und nachgefeiltem Ytongstein als Basis. Gruppen aus Schleierkraut, Distelfruchtständen und feinem Messingdraht. (Jan-Bruin Wiertsema, Gouda)

Aufgehängt an alten Eisenketten dienen geschälte Schwartenbretter als Wandschutz und als Hintergrund für die sehr klare, lebendige Zusammenstellung mit Korkenzieherhasel und Fruchtständen des Kleinen Bärenklau. (Gefertigt im Studio Wegener, Crailsheim, von Giovanni Jannoi, Genua)

Flob International

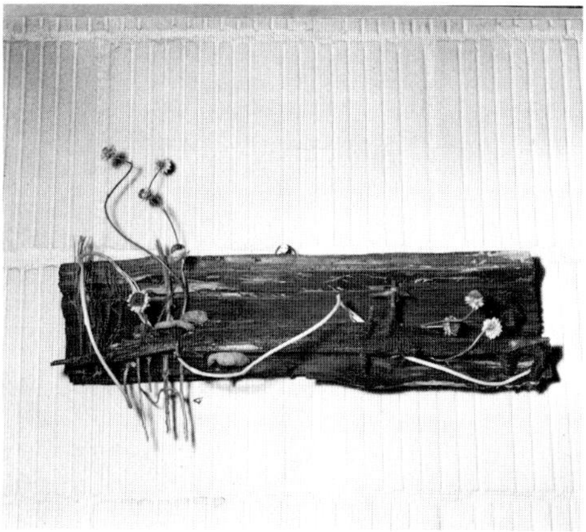

Feinfühlige Ausgestaltung eines modernden Holzstückes (mit Astansätzen) zum lebhaften Flob. (Gefertigt im Studio Wegener, Crailsheim, von Cecilia Serafino, Turin)

Prächtige größere Einzelkerzen können wirkungsvoll ▷ mit einbezogen werden bei einer Objektgestaltung mit Trockenteilen. Naturholzrahmen und Blätter ergänzen alles Naturhafte. Die roten afrikanischen Trockenblumen nehmen als Akzent den Rotton der Retti-Kerze wieder auf. (Gestaltung: Wolfgang Keppler, Ingolstadt)

nen, zu sehen und zu begreifen. Nur der kann sich klar ausdrücken, der *weiß*, um was es geht!
Und es geht um mehr als um ein flüchtiges Basteln. Man kann hier nicht nur improvisieren. Zudem muß das Technische mit Haltgebung und Festigkeit gut durchdacht und vorbereitet sein.
Gewiß, die Blume wurde anfangs zur Dekoration verwendet. Aber sie ist mehr, wenn wir daran denken, daß wir beispielsweise Stiele als parallele Formen sehen können und anordnen. Eine Fruchtform muß auch nicht nur liegend angewendet werden.
Formengebilde sehen, führt auf neue Art zu neuem Zusammengeben. So gesehen aber kann dieser Weg der Gestaltung interessant und spannungsreich sein und vermag letztlich etwas aufzuzeigen, das auch andere Betrachter in den Bann des neuartig Geschauten zieht.

Zusammenfassend können wir feststellen: *Das floristische Objekt ist als Entwicklung in unserer Zeit zu sehen.*

Formbinderei gestern und heute

Die Formbinderei ist eine sehr frühe Ausdrucksform des Blumen- und Pflanzenschmucks. Die Symbolform des Kranzes, in der Ringform als Zeichen des Fortdauerns und des »Immerwährenden« ohne Anfang und Ende, gab es sowohl aus Blattwerk geformt (Siegeskranz der Römer aus Lorbeerblättern) als auch aus Blüten und Grünbüscheln gewunden zum Kopfschmuck für frohe Feste.
Mit Blumen und Grün wurden auch andere bildnerische Formen dargestellt: Kugelformen und stilisierte Bäume sowie umkränzende Girlanden. Sie kennzeichneten im Lebensrhythmus des Menschen wichtige Stationen, wie Geburt, Hochzeit, Tod. Oder das Formgeben und Gestalten geschah zu Höhepunkten oder Besinnungszeiten, die jahreszeitlich bedingt waren: Frühjahr mit Wiedererwachen zum vollen Leben, Sommer mit Sommersonnenwende, Herbst mit Vegetationsabschluß und Ernte-Einbringen, Winter mit Begrüßen des wiederkehrenden Lichts und Hoffen auf Frühjahrserwachen.
Die kirchlichen Feste fallen in die gleichen Zeiträume mit den hohen Festen des Jahres: Ostern, Pfingsten, Erntedank und Weihnachtsfest.
So waren alle gestalterischen Ausdrucksformen Bestandteil des rhythmischen Lebensablaufes und des Jahreskreislaufs. Alle dienten festlichen Höhepunkten, besinnlichen Tagen oder auch symbolhaften Formen und Handlungen – veranschaulicht durch Girlanden, Blatt- und Blütenkränze, Bügelbaum und Erntekrone, durch den immergrünen Strauß aus „Sinngrünen“, der im Laufe der Entwicklung zum Baum aus immergrünen Nadelgehölzern wurde. Viel später kam noch der Adventskranz hinzu.
Eine Hochblüte der binderischen Formgebung gab es zur Zeit der Jahrhundertwende. Nach diesem Abschnitt wurde dann auch der Begriff „Formbinderei“ erst geprägt.
Die Formbinderei wurde bewußt wieder aufgenommen in den dreißiger Jahren, als man versuchte, altes Volksgut und Brauchtum aufzuspüren und bewußt zu machen.
Ein echtes »Come-back« aber erlebt die Formbinderei im Schlepptau der Nostalgie-Welle.

Man besinnt sich wieder auf mancherlei Formen der Jahrhundertwende. Und nach der Strohblumen-Modewelle wird das Wiederbeleben der alten Formbinderei freudig begrüßt. Selbst die stilisierten kleinen Fruchtformen (aus Watte) sind wieder da und ein beliebter Bestandteil für die Sommer-, Herbst- und Winterzeit, selbst in Verbindung mit Nadelgrünen.

Neben den Kugelformen und Pyramiden wird wiederum der Kranz den längeren Fortbestand beweisen. Das hängt gewiß auch damit zusammen, daß er mehr Möglichkeiten zur Kombination und Variation bietet. Als geeignetes und verwendbares Material sind folgende Details passend: alle Zapfenarten, besonders die kleineren Formen, Trockenfruchtstände, die eine gewisse Haltbarkeit aufweisen, hartlaubige kleinblättrige Grünarten, die getrocknet halten, (*Buxus, Ruscus, Myrthe* z. B.) und natürlich die kleinen stilisierten Fruchtformen. Dazu ist noch Verwendung von schmalem Band möglich, wie es die Abbildung des kleinen Würzsträußchens aus Österreich zeigt.

Gewürzstrauß aus Österreich und bayrisches Paradeisel

Interessant ist die Feststellung, daß eine Formbinderei eigenster Prägung – neben der sichtbaren Modewelle in ihrem Kommen und Gehen – immer Bestand hatte. Sie führte gewissermaßen ein Eigendasein, und zwar abseits der großen Heerstraße, in den Tälern Oberbayerns und in Österreich.

Das »Paradeisel« der Vorweihnachtswochen zum Beispiel konnte überdauern als ein Teil alten Brauchtums, zumeist in abgelegenen Dörfern des oberbayrischen Gebirges. Eine beinahe ähnliche Ausdauer beweist das »Würzsträußlein« in Österreich, das früher gewiß noch mehr einheimische Duftkräuter enthalten hat, wie Thymian und Arnika etwa. Natürlich fehlten auch Rosmarin und Lavendel nicht. Und heute gibt es wieder Firmen, die in Österreich das Würzsträußlein nach althergebrachter Weise wieder anbieten, mit modischen Abwandlungen, natürlich.

Zum Brauch des Würzsträußleins gibt es auch einen Ausspruch. Der besagt, daß eine Braut erst heiraten solle, wenn sie alle Würz- und Heilpflanzen kannte, die in eben diesen sinnigen Würzstrauß gehörten.

Der Grund dafür ist einfach und war einleuchtend in einer Zeit, in der oft genug das Wohl und Wehe der Familie von der Hausapotheke abhing, und das in besonderem Maße auf den Bergen oder in abgelegenen Gegenden. Damals aber war schnelle Hilfe oft nur gegeben durch die Kenntnis der Heilkräuter und den weisen Umgang mit ihnen. In der Regel war es die Frau des Hauses, die sowohl für Würz- als auch für Heilpflanzen zuständig war. Denn auch die Würzpflanzen hatten eine ähnlich starke Bedeutung, dienten sie doch gleichzeitig der Beeinflussung und Regelung der Gesundheit. Sie waren gewissermaßen als vorbeugende Maßnahmen mit zugeordnet.

Eine Braut nun, die in diesem Symbolstrauß alle für die damalige Zeit nützlichen und wichtigen Würz- und Heilkräutlein zu nennen und aufzuzeigen verstand, stellte damit gleichzeitig symbolhaft unter Beweis, daß sie über ausreichend Kenntnisse verfügte, diese nutzbringend und zum Segen für die ganze Familie anzuwenden.

Heute versucht man natürlich, möglichst viele dieser altbekannten und bewährten Kräutlein in dem wieder interessant gewordenen Sträußchen zu vereinen. Man sollte dabei aber nicht ganz vergessen, daß das wohlriechende Würzsträußlein früherer Zeiten nicht nur und ausschließlich als »Duftsträußchen« zu sehen ist. Es wäre auch für uns heute kein Schaden, wenn wir uns auf die verschiedensten Wirkungsweisen der einzelnen Kräutlein wieder besinnen würden oder uns neu dafür interessieren.

Ein Würzsträußchen entsteht: Jedes Teilchen wird mit einem feinen Draht (7er oder Silberdraht) angedrahtet, und alle Details werden überschaubar auf der Arbeitsplatte ausgebreitet. Erst dann können wir eine Halbkugel daraus formen. Wir beginnen mit dem leicht erhöhten Mittelpunkt, legen einzeln die Teile nacheinander an, wobei jedesmal der Einzeldraht um die bereits vorhandenen Drähte gewunden wird – mit korkzieherartigen Windungen wird er dabei fest nach unten gezogen. Grundsätzlich werden alle Drähte nur in dieselbe Richtung gewickelt, also entweder alle nach rechts oder links, damit am Ende das Stiele-Paket glatter und gleichmäßer bleibt.

Zur Auflockerung und als gefälliges stoffliches Element wird öfter eine ebenfalls angedrahtete Schleife aus schmalem buntem Trachtenband dazwischengegeben. Abschließend lassen wir zwei Bandenden länger heraushängen aus dem Sträußchen.

Als letztes kann der jetzt handfest gewordene Stielgriff aus Draht abgewickelt werden mit Kautschukstreifen oder Band.

Bevorzugt verwendete Pflanzenteile für das Würzsträußchen sind: Nelken, Zimtstange, Vanilleschotenstücke, Sternanis und Kümmel (auf Kunststoff- oder Wattekügelchen geklebt), Senfkörner, kleine Mohnkapseln, Pfefferkörner, Mandelkerne, Veilchenwurzel, Maiskörner, Kürbiskerne, Wacholderbeeren und eventuell auch noch kleine Lorbeerblättchen.

Verzeichnis der Thementafeln

Sachregister

Der besseren Übersicht wegen sind die Pflanzen allein mit dem Gattungsnamen, deutsch und lateinisch, angeführt, z. B. Garbe, *Achillea*. Der Artname steht nur dort, wo er mit dem Gattungsnamen nicht identisch oder von ihm ableitbar ist, z. B. Eberwurz, *Carlina*, aber: Golddistel, *C. vulgaris*.

Bildquellen

Sämtliche Schwarzweiß- und Farbaufnahmen, außer dem Titelbild, stammen von Erna Herr, Baden-Baden.
Die Zeichnungen im ersten Teil fertigte Hermann-Georg Lechler, Stuttgart, nach Vorlagen von Peter Menzel, Sinzig-Bad Bodendorf, die im zweiten Teil Helmut Poeschel, Bernhausen, nach Vorlagen von Erna Herr.